AF302525

Roland Steinle

...

Der Untergang des Westens

...

Von der Versorgungs- zur Vernichtungsgesellschaft

ISBN 978 3 7448 2933 5
Herstellung und Verlag:
BoD - Books on Demand, Norderstedt

INHALT

2. Buch: Der Untergang des Westens

I. Die Krankheit zum Tode

II. Die Symptome der Krankheit zum Tode

Ozymanidas

I met a traveller from an antique land
Who said: Two vast and trunkless legs of stone
Stand in the desert... near them, on the sand,
Half sunk, a shattered visage lies, whose frown,
And wrinkled lip, and sneer of cold command,
Tell that its sculptor well those passions read
Which yet survive, stamped on these lifeless things,
The hand that mocked them and the heart that fed:

And on the pedestal these words appear:
'My name is Ozymandias, king of kings:
Look on my works, ye Mighty, and despair!'
Nothing beside remains. Round the decay
Of that colossal wreck, boundless and bare
The lone and level sands stretch far away.

P. Shelley

Prolog

1

Diese Buch soll keine Polemik sein noch eine wissenschaftliche Arbeit. Es bedauert nicht den Niedergang des Westens, noch versucht es sich ihm entgegenzustellen oder Auswege zu suchen, die es für das System als solches ohnehin nicht gibt und nicht geben kann. Vielmehr will es ihn auf möglichst einfache Weise erklären, wenn auch die Komplexität der Sache an manchen Stellen ein gewisses gedankliches Ausholen unumgänglich macht.

Die Zerrüttung und endliche Auflösung unserer Zivilisation ist kein moralisches Übel, über das man in allzu große Aufregung oder gar Angst geraten sollte. Wir haben es vielmehr mit einer natürlichen Auflösungserscheinung zu tun, einem Tod, der dem biologischen Sterben eines Lebewesens gar nicht unähnlich ist. Freilich, kein Tod, der uns nicht im Innern anrührt. Insofern entbehrt dieses Buch nicht einer gewissen Tragik. Auf der anderen Seite bedeutet der Niedergang des einen, den unvermeidlichen Aufstieg des anderen. Hinter dem Schleier einer nie langen Nacht glüht bereits die Morgenröte eines neuen Morgens, eine neue Welt, die auch unsere in Teilen enthalten wird. Dauert unsere Zivilisation also in ihren Nachfolgern fort? Sie tut es nicht. Ihre Formen überleben, ihr innerer Gehalt nicht. Die Mysterienkulte sind vom Christentum aufgenommen worden, ohne je von ihm verstanden worden zu sein. Der Westen ist geprägte von einem rechtlichen Denken, dass aus der Antike herrührt, wo ein vollständig anderes Rechtsverständnis geherrscht hat. Allein die Form überdauert, nicht der Gehalt.

Alle Gesellschaften und Kulturen gehen unter. Es ist ihnen ein Ende – kein Ziel – gesetzt. Die Artefakte in den Gräberfeldern kühler Museumshallen sind stumme und zugleich ungemein beredete Zeugen davon. Alles was ist, wurde, d.h. es war einmal *nicht*. Alles aber, was ist, wird einmal nicht mehr sein. Jede Zelle unseres Körpers stirbt und wird ersetzt. Im Laufe unseres Lebens erneuert sich der gesamte Leib mehrmals. Mit jedem weiteren Zyklus verlangsamt sich der Prozess der Erneuerung, der Revitalisierung, bis er endlich ins Stocken gerät und das Gefüge zerbricht. Der gleiche Prozess von Werden und Vergehen trifft auch auf die Zivilisation zu.

Natur, Kosmos, Schöpfergott… sie alle sind faul. Sie bedienen sich der gleichen Werkzeuge, sie schaffen die gleichen Strukturen, sie bilden Wiederholungen des gleichen Themas. Die Äderung eines Blattes entspricht der Äderung des Geästes, an dem es schlief, entspricht der Äderung des Baumes, an dem der Ast wuchs. Die gleiche Äderung malen Flüsse, wenn sie die Landschaften dieser Erde auf dem Weg zum Meer durchschneiden. Die gleiche Äderung findet sich im Blutkreislauf des Menschen und in den künstlichen Strom- und Straßennetzen, die er erbaute. Die gleichen Mechanismen von Werden und Vergehen wirken auch im Niedergang der Zivilisation. Der Betrachter kann Gesetzmäßigkeiten aus ihnen ableiten, er kann Erkenntnisse gewinnen, wenn er nur bereit ist, dem Unvermeidlichen ins Auge zu blicken. Wie bei einem alternden Körper immer die gleichen Verfallserscheinungen zu beobachten sind, so auch bei einer Gesellschaft. Der unmittelbare Anlass des Todes mag variieren. Ein Unfall, ein Schlaganfall, Altersschwäche. Das Gesetz aber, das zum Tode führt, ist stets das…gleiche.

2

Die Gesetzmäßigkeiten des gesellschaftlichen Verfalls wird dieses Buch verständlich aufzeigen. Dabei beschränkt es sich nicht auf „große" Gesellschaften im Sinne von Staaten, Nationen usf., wenn es auch hauptsächlich von ihnen handeln wird. Gesellschaften oder, wie wir es nennen werden „soziale Räume" sind formelle oder informelle Zusammenschlüsse von drei oder mehr Menschen. Eine Familie ist ebenso sozialer Raum wie die katholische Kirche und folgt im Prinzip den gleichen strukturellen und prozessualen Regeln, so wie Hundehütte und Hochhaus den gleichen statischen Erfordernissen genügen müssen, wenn auch in unterschiedlicher Größenordnung. Ein niederbayerischer Kleintierzuchtverein zeigt in seinem Niedergang die selben Symptome jener Krankheit, die zu seinem Tode führt, wie die aztekische Zivilisation, die Han-Dynastie oder das Sassanidenreich.

Dieses Buch enthüllt kein Geheimwissen, noch geht es irgendwelchen sog. Verschwörungstheorien nach. Vielmehr benennt und beschreibt es Offensichtliches, Dinge und Sachverhalte, die jeder mit seinen Augen sehen kann, so er sie denn sehen will.

Hier freilich zeigt sich eine erste Schwierigkeit: Der Verfall ereignet sich aus gutem Grund *unterirdisch*. Nicht dass er unsichtbar wäre, das Gegenteil trifft zu. Dennoch wird er beharrlich geleugnet, seine Symptome werden marginalisiert oder reinterpretiert. Die Nacktheit des Kaiser ist sprichwörtlich, die Propheten des Untergangs werden verspottet, verlacht, gehasst und endlich erschlagen. Am Wert der Prophetie ändert das freilich nichts.

Der zweite Pfeiler unserer Erörterung beschäftigt sich mit dem Individuum und seinem Verhältnis zum, bzw. seinem Platz im sozialen Raum. Der Einzelne ist Architekt und am Ende das Opfer seines Zusammenbruchs. Das Verhältnis des Bewohners zu seinem Raum wird uns im ersten Abschnitt des Buches interessieren. Hier studieren wir die Gesetzmäßigkeiten des Werdens und Vergehens einer Gesellschaft. Gleichzeitig werden wir sehen, wie der soziale Raum die Wirklichkeitswahrnehmung und den Modus des alltäglichen Daseins seiner Bewohner gestaltet. Wir werden von Subsystemen hören, die unter dem Dach eines größeren Gefüges miteinander in gleichgültiger, freundlicher oder feindseliger Beziehung stehen, ganz so, wie die Menschen in einem Dorf einander gleichgültig, freundlich oder feindselig begegnen. Wir werden erfahren, wie das Individuum Bewohner verschiedener Subsysteme ist, während es stets Partikel des größeren Gefüges bleibt, ganz so, wie man in einem Haus ein oder zwei Zimmer bewohnt, und gelegentlich die Nachbarwohnung aufsucht, den Flur, den Trockenboden ersteigt usf.

Im zweiten Teil des Buches beschäftigen wir uns mit den konkreten Symptomen der Krankheit zum Tode und ihrer katalytischen Wirkung auf den gesellschaftlichen Niedergang der westlichen Zivilisation oder des westlichen Kulturkreises. Tatsächlich haben wir es mit einem Symptom-Bündel zu tun. Das eine hängt immer und notwendig mit dem anderen zusammen, bedingt oder setzt es voraus. Es handelt sich bei besagten Symptomen um verschiedene Manifestationen der gleichen Krankheit. Der irrige Glaube, der Westen zerbräche am Ende an einem Währungskollaps, an einem technologischen Paradigmenwechsel, am Geburtenrückgang, an der inneren ethischen Verrottung, am um sich greifenden primitiv-materialistischen Hedonismus, am schlechter werdenden Gesundheitszustand weiter Teile der Bevölkerung, an einem Krieg usf. ist, als würde man sagen, ein Greis wäre an einem Schnupfen gestorben, an einem Schluckauf, an einer Blähung, an einem Schlaganfall. Es ist zwar richtig, dass der Übergang von Leben zum Tod – ganz danach wie man diese beiden Zustände eben definiert; der Tod als Verebben messbarer Gehirnaktivität oder als Verebben selbsttätiger Körperaktivität oder als Verlust psychischer Kontrolle... – mit irgendeinem konkreten Ereignis verknüpft werden kann. Diese konkrete Ereignis ist aber nicht der eigentlichen Grund des Sterbens, sondern nur der jeweilige Anlass. Vielmehr führt der Prozess des Sterbens dazu, dass ein Ereignis den Tod überhaupt herbeiführen kann. Der Greis stirbt an einem Schnupfen, weil sein Körper bereits so schwach ist, der Bau seines Lebens so morsch, dass der geringste Anlass für den Zusammenbruch des Ganzen ausreicht.

Der Prozess des Sterbens unterliegt einer weit allgemeineren, holistischen Dynamik, die bestimmte Regelmäßigkeiten aufweist. Uns geht es um die Entschlüsslung und Analyse dieses Prozesses, wobei wir uns dabei einer Betrachtung der konkreten Symptome freilich bedienen müssen und werden.

1. Buch Der soziale Raum und seine Bewohner

I. Architektur des sozialen Raums

1
Idee

Der soziale Raum bezeichnet eine Funktionseinheit, in welcher die *Bedürfnisse* seiner Bewohner in planvoller und effizienter Weise bedient werden. Der soziale Raum regelt die Beziehung seiner Bewohner zueinander mittels eines formellen oder informellen *Dogmas*.

Ein formelles Dogma beispielsweise liegt als *gedankliche Grundlage* für das kodifizierte Gesetz eines Landes vor. Das Grundgesetz der Bundesrepublik Deutschland hat ein bestimmte Vorstellung davon, was der Mensch ist, wie er lebt, wie er sich in Gesellschaften organisiert, was er anstrebt, was sein Lebensglück ausmacht usf. Diese Annahmen bilden das Fundament des Grundgesetzes, d.h. sie spiegeln sich in ihm *plausibel* wider. Die Verfassungen der westlichen Nationen gleichen insofern einander, als in ihnen ein *rationalistisch-aufklärerisches Menschen- und Weltbild* zum Ausdruck gebracht wird. Der Mensch als vernünftiges, gemeinschaftsbildendes Lebewesen, das als *Individuum* nach persönlichem Glück strebt, ist, kurz gesagt, die dogmatische Grundformel der westlichen Zivilisation.

Ein informelles Dogma besteht meist in der gefühlsmäßigen Beziehung der Bewohner eines sozialen Raums zueinander, so etwa die Liebe der Mutter zu ihren Kindern, die Liebe der Eltern füreinander, oder auch der Hass zweier Familien, zweier Häuser – Montague und Capulet grüßen.

Dogmen erzeugen *Strukturen* wie Hierarchien, Eliten, Kasten, Klassen, Bürokratien, Gesetze, Moralien usf., die das innere Gepräge des sozialen Raums gemäß den Bedürfnissen seiner Bewohner *ordnen*. Dogmen erzeugen zudem einen *Sinn- und Symbolvorrat*, der den Bewohner des sozialen Raums eine bestimmte Deutung der *Wirklichkeit* nahelegt. So wird beispielsweise der Blitz von einem antiken Mensch als bedrohliches Tun einer Gottheit gedeutet, während ein moderner Mensch darin ein bestimmten Naturgesetzen folgendes elektrostatisches Phänomen erblickt.

2

Materie

Ein sozialer Raum besteht ausschließlich in der Vorstellung seiner Bewohner. Seine Existenz ist eine Frage des Glaubens. Der Glaube wird durch das Dogma reglementiert, ganz so wie im religiösen Feld. Sämtliche Einrichtungen eines sozialen Raums basieren und funktionieren auf Basis des Glaubens an sie. So funktioniert die Währung, die wir benutzen, nur, weil an ihren Wert geglaubt wird. Der Polizist verfolgt den Verbrecher, weil er an den Wert des Gesetzes glaubt. Der Steuerzahler entrichtet seinen Obolus, weil er an den Staat und seine Allmacht glaubt.

Wollte eine Bevölkerung ihren Herren stürzen, müsste sie lediglich die Zahlung eingeforderter Abgaben einstellen. Wollte sie ihre Währung loswerden, müsste sie sich darauf verlegen, eine andere zu benutzen. Indes zielen Revolutionäre und Invasoren praktisch nie darauf ab, einen sozialen Raum zu zerstören – was ohnehin nur möglich wäre, wenn man die Bevölkerung physisch auslöschen würde. Sie wollen lediglich sein Dogma, mit dem eigenen vertauschen und so das System *erobern (Conquest)*, d.h. seine Bewohner zu Anhängern und Gläubigen des eigenen Dogmas machen.

3

Sinnstrukturen

Sinnstrukturen sind, was ihre Manifestation in der Lebenspraxis der Bewohner angeht, gemeinhin sehr wandelbar. Das ihnen zugrundeliegende Dogma und die darin enthaltenen Grundwerte und -vorstellungen des sozialen Raums sind dagegen unwandelbar. Tatsächlich passen sich Sinnstrukturen an die jeweiligen Verhältnisse an, um den ihnen zugrundeliegenden dogmatischen Wert zu schützen, d.h. die Plausibilität des sozialen Raums für seine Bewohner im Kontext sich verändernder Lebensumstände zu bewahren.

Ein Beispiel: Der Blitz wird von einem gottgläubigen Menschen immer und mit Notwendigkeit als göttlicher Akt verstanden – er kann innerhalb eines theistischen Dogmas, das besagt, alles stamme von Gott, gar nicht anders verstanden werden. Die konkrete Ausdeutung, die jeweilige Erklärung des Phänomens kann sich dagegen im Lauf der Zeit massiv verändern. Glaubte der griechische Bauer der Antike an einen blitzschleudernden Zeus, der in den Wolken thront, so wird der aufgeklärte Christ das selbe Ereignis mit dem Hinweis darauf deuten, dass es sich zwar um ein Naturphänomen handelt, dass die Naturgesetze aber von einer göttlichen Intelligenz erdacht und ins Werk gesetzt wurden. In beiden Fällen steht die Gottheit als Urheber des Phänomens.

Ein anderes Beispiel: Gesundheit ist ein anthropologischer Grundwert, der sich in der Erscheinung (Ästhetik) des Individuums zeigt. In Zeiten, in denen die Lebensmittelversorgung keineswegs sicher und Hungersnöte an der Tagesordnung waren – z.B. in der Epoche des Barock/ des Dreißigjährigen Krieges – wird eine gewisse Körperfülle als ästhetisch ansprechend empfunden, verweist sie doch auf ausreichende Ernährung und darin günstige Lebensbedingungen. In der Gegenwart ist das Gegenteil der Fall. Das Überangebot an schlechter Ernährung führt zur epidemischen Fettleibigkeit. Dementsprechend repräsentiert übermäßige Schlankheit den Wert der Gesundheit.

4

Ideologien

Die planvolle Weiterentwicklung von Sinnstrukturen sozialer Räume führt zur Entstehung von *Ideologien*. Ideologien sind intellektuelle Sammlungen von Ideen (Deutungsmöglichkeiten) gemäß eines

Dogmas. Je höher entwickelt und stärker bevölkert ein sozialer Raum ist, desto ausgeprägter und feingliedriger muss dessen Ideologie sein, gilt es doch, eine Vielzahl von Personen mit unterschiedlichen Bildungshintergründen und Lebensumständen mit passenden Deutungsmöglichkeiten für deren teils stark voneinander abweichende individuelle Lebenspraxis zu versorgen. Diese Deutungsmöglichkeiten müssen (1) innerhalb der individuellen Lebenspraxis plausibel sein und (2) die Grundwerte des Dogmas angemessen repräsentieren und affirmieren.

Ideologien dienen dazu, soziale Räume zu stabilisieren und zu strukturieren. Praktisch funktionieren sie wie hermeneutische Zirkel: Sie betrachten die Wirklichkeit durch den Filter dogmatischer Grundwerte, die durch eben diese Betrachtung als selbstevidente Wahrheiten ausgewiesen werden. So wird innerhalb der sozialistischen Ideologie der Streik beispielsweise als Symptom (Folge) des Klassenkampfes interpretiert. Dieser hat seinen Ursprung in der Interessendivergenz der Klassen. Proletariat und Bourgeoisie streiten, weil sie zwei verschiedene, inhärent konkurrierende Klassen innerhalb eines ökonomischen Gefüges vorstellen. Paradoxerweise entsteht jenes erst durch die Konkurrenz dieser Klassen: Ausbeuter und Ausgebeutete sind in ihrer Konkurrenz aufeinander bezogen und voneinander abhängig. Die Katze jagt ihrem Schwanz nach, der Krieg ernährt sich selbst, der Streit konstituiert seinen Anlass...

Jede Ideologie deutet abweichende Ideologien stets auf Basis der eigenen Wirklichkeits- und darin Wahrheitskonzeption. Die sozialistische Geschichtsforschung bietet hier wiederum einen wunderbaren Fundus an Anschauungsmaterial: Egal ob Bauernkrieg, Merkantilismus, die Erfindung der Turmuhr, das römische Sklavenwesen, Geldmengenvermehrung und Fließbandarbeit − alles wird innerhalb des materialistischen Dogmas als Manifestation seiner Grundwahrheiten in der Geschichte plausibel interpretiert und so affirmiert. Wie könnte der deutsche Bauernkrieg auch etwas anderes gewesen sein, als eine Vorstufe des Klassenkampfes, seine Anführer etwas anderes als proto-kommunistische Denker und Aktivisten...

Ein Letztes: Ideologien sind stets für die eigenen Vorbehalte blind. Sie reklamieren den Besitz der einzig gültigen Wahrheit für sich, und sie allein bieten die einzig zutreffende Deutung der Wirklichkeit an, während andere Deutungsmuster...Ideologien, Weltanschauungen geschimpft werden.

Ideologien definieren und gestalten das, was die Bewohner eines sozialen Raums als wahr und wirklich interpretieren. Sie wirken praktisch in allen sozialen Gefügen, deren Umfang über die Kernzelle von Kleinstgruppen wie Familien, Sippen hinausgeht. Je größer und bevölkerter der soziale Raum, desto umfassender und tiefgreifender seine Ideologie.

5
Existenzbedingungen

Ein sozialer Raum *lebt*, wenn er

(1) die *Bedürfnisbefriedigung* seiner Bewohner zu deren Zufriedenheit *erleichtert*. Die Zufriedenheit der Bewohner wird durch *ihren Verbleib im sozialen Raum indiziert*, d.h. durch ihren Glauben an ihn. Der Erfolg eines sozialen Raums wird durch sein Wachstum indiziert, d.i. die quantitative Zunahme an Gläubigen sowie die qualitative Vertiefung des Glaubens der Bewohner an das herrschende Dogma bei gleichzeitiger Aufgabe der eigenen Identität. Man ist nicht mehr Einzelner, sondern Volksgenosse, Patriot, Arbeiter usf.

→ Funktionalität

(2) Verhalten und Beziehungen seiner Bewohner untereinander mittels eines Dogmas, bzw. einer diesem Dogma folgenden Ideologie, reguliert, welche gleichsam die *allgemeine, alltägliche Vorstellung von Wirklichkeit* in einem sozialen Raum determiniert.

→ Plausibilität

(3) über die ausreichende *Anzahl von Bewohnern* verfügt, die notwendig ist, die Bedürfnisbefriedung in erwünschter Weise zu gewährleisten.

→ Materialität

6
Kleinstraum Kernfamilie

Der soziale Raum wird durch die Bedürfnisse seiner Bewohner definiert (umgrenzt) und durch ihren Glauben ins Dasein gesetzt. Innerhalb eines Dorfes, einer Nation, der Menschheit usf. gibt es viele verschiedene, teils überlappende soziale Räume unterschiedlicher Dichte und Ausdehnung. Die Familie ist der am stärksten verdichtete Raum, der Nukleus sozialer Wirklichkeit. Die kleinste familiäre Formation besteht in der Trias von Vater, Mutter und Kind. Diese Rollen können freilich anders verteilt oder besetzt sein. Verwaiste Geschwister könnten einander versorgen und großziehen, andere Verwandte, ja selbst Fremde könnten die Funktion von Eltern einnehmen. Das Entscheidende ist die Dreizahl als Kleinstform eines sozialen Gefüges, in welchem eine spezifische innere Gesetzmäßigkeit ordnend wirkt.

Die Mitglieder der Familie teilen Pflichten und Arbeiten, Freuden und Herausforderungen miteinander. Sie kooperieren, um die alltägliche Sorge um das Dasein zu erleichtern. Sie teilen und verteilen dementsprechend ihre Ressourcen. Das informelle Dogma, das die Familie zusammenhält, besteht in der zwischenmenschlichen Bezogenheit (emotional und materiell) der Mitglieder aufeinander. Diese zwischenmenschliche Bezogenheit erzeugt auch die Sinnstruktur der Familie. Eine Ideologie ist aufgrund der nummerischen Begrenztheit dieses Raums nicht notwendig, kann aber in seltenen Fällen dennoch vorliegen. Bei Großfamilien, Sippen oder kleinen Stämmen, die ihre Ursprünge über Generationen hinweg verfolgen, mag die Sache freilich anders liegen.

Wir halten fest: Die Familie ist der basale, soziale Kleinstraum und darin ein Nukleus für die Bildung größerer Systeme. Außerhalb einer familiären Struktur ist die Befriedung der Grundbedürfnisse nicht möglich — wir sehen gleichen weshalb.

Hierarchien und ihre Bedeutung für das Individuum

System	Struktur	Funktion
Familie	konkret, informell, emotional	Primär: Überleben, Fortpflanzung
Stamm/ Sippe	konkret, semi-formell, emotional, hierarchisch	Primär: Überleben, Fortpflanzung Sekundär: höheres Lebensgefühl; Kultur
Nation/ Ethnie	Semi-abstrakt, semi-formell, konkret oder intellektuell	Primär: Höheres Lebensgefühl, Kulturelle Sekundär: Überleben, Fortpflanzung
Zivilisation/ Religion/ Weltanschauung	abstrakt, formell, intellektuell	Primär: Höheres Lebensgefühl, Kultur Sekundär: Kulturerhalt

8

Subsysteme

Soziale Räume, die sich in größeren Räumen herausgebildet haben, nennen wir der Einfachheit halber Subräume oder Subsysteme. Subsysteme ordnen und teilen den je überlagernden Raum, wie Zimmer ein Haus teilen, Organe einen Körper, Komponenten eine Maschine usf. Subsysteme weisen alle Eigenschaften und Bestandteile größerer Räume auf – sie sind kleiner und führen oft eine bestimmte Funktion für den Metaraum aus. Darin gleichen sie Körperzellen, die in sich abgeschlossene Systeme repräsentieren, deren Existenz jedoch nur in Bezug auf den Gesamtorganismus sinnvoll möglich ist.

Subräume teilen Dogma und Ideologie der ihnen übergeordneten Räume, fügen aber eigene Dogmen und Ideologien bzw. Sinnstrukturen nach den speziellen Bedürfnissen ihrer Bewohner hinzu. Innerhalb der Subräume können auch gesellschaftlich dominante Ideologien hinterfragt werden, ohne dass dabei das ihnen zu Grunde liegende Dogma angetastet wird. In diesem Fall führen Subsysteme eine heilsame und kathartischen Funktion für das Gesamtgefüge aus. Es gibt formelle und informelle Subräume. Eine politische Partei etwa ist ein formeller Subraum. Die Parteistatuten müssen im Einklang mit den Gesetzen des Landes stehen, die sie allerdings kritisieren dürfen, solange sie die in der Landesverfassung formulierten dogmatischen Grundwerte akzeptieren. Im Gegenzug erkennt der übergeordnete soziale Raum den Subraum als legitimen Teil seiner selbst an und räumt ihm *gestaltende Privilegien* ein. Der Stammtisch, an dem gleichfalls viel und heftig diskutiert und politisiert wird, ist ein informeller Subraum, der weder offiziell anerkannt wird, noch eine formelle Funktion für das größere Ganze einnimmt. Seine Wohltaten bleiben auf die unmittelbaren Bewohner, die Stammtischbrüder, begrenzt. Diese aber können, um beim Beispiel zu bleiben, durchaus Einfluss auf eine politische Partei nehmen, die sich Stimmen erhofft, indem sie zum Sprachrohr einer *Stimmung* in der Bevölkerung wird.

Ein anderes Beispiel, das die teils hochkomplexe Verschachtlung sozialer Gefüge verdeutlichen soll: Die katholische Kirche ist ein soziales Gefüge, das innerhalb vieler anderer sozialer Räume, vornehmlich Nationen, als Subraum existiert. Gleichzeitig existieren innerhalb der katholischen Kirche wiederum Subräume wie Orden, Laienvereinigungen usf. Auch Pfarrei und Bistum sind Subräume und gleichsam in Bezug auf ihre eigenen Subsysteme Metaräume. Ein Orden kann so zugleich als ein Subraum der Weltkirche gelten, bzw. noch konkreter als ein Subraum in einem bestimmten Bistum, in dem er einen Ableger unterhält; als Gesamtorden betrachtet kann er jedoch auch einen Metaraum repräsentieren, in welchem Bistümer, ja Nationen Subsysteme darstellen.

Subsysteme können mit anderen Systemen *verschmelzen*. Diese Verschmelzung kann friedlich in Form einer Integration oder feindlich als Assimilation geschehen. Dieser Prozess kann vor allem im wirtschaftlichen Sektor einer Gesellschaft gut studiert werden, wo Kooperationen, Fusionen und Übernahmen an der Tagesordnung sind. Im Fall der Assimilation (Gleichmachung, Eroberung, Übernahme usf.) kann es zu einem völligen Verschwinden des aufgenommenen Systems, zu seiner Vernichtung als existierende Entität kommen, wobei seinen *Formen* durchaus überdauern können.

Soziale Räume teilen sich in Subsysteme auf, sobald sie eine bestimmte Größe und Ausdehnung erreicht haben. So teilt sich das Militär eines Landes in Waffengattungen, Armeen, Korps, Divisionen, Regimenter usf.

9

Konkurrenz sozialer Systeme

Soziale Subsysteme stehen gelegentlich in Konkurrenz miteinander. Wir unterscheiden der Einfachheit halber zwischen *echter* und *scheinbarer* Konkurrenz.

Politische Parteien oder Sportvereine beispielsweise stehen miteinander in *scheinbarer Konkurrenz*. Das bedeutet, sie streben nicht an, ihre „scheinbaren" Gegner zu vernichten oder zu erobern. Ihre Kämpfe erfolgen gemäß bestimmter Regeln, die im Einklang mit denen des überlagernden Systems stehen. Das Streiten ist ihre eigentliche Funktion. Zudem gestehen die Gegner einander einen Platz im jeweils übergeordneten Raum zu, d.h. sie anerkennen deren Legitimität in diesem größeren Zusammenhang.

Scheinbare Konkurrenzen wirken auf das Gesamtgefüge eines sozialen Raums oft gar nicht, d.h. sie spielen keine signifikante Rolle. Unter Umständen wirkt sich die Konkurrenz aber auch positiv aus – sowohl für das in Konkurrenz stehende Subsystem als auch für den übergeordneten Raum. Die schiere Anwesenheit eines Rivalen oder die Auslobung bestimmter Privilegien und Güter stachelt die eigene Leistungsbereitschaft an. Im letzteren Fall liegen gelegentlich auch echte Konkurrenzen vor, z.B. wenn Technologien unterdrückt werden sollen, nicht aber, wenn ein Unternehmen ein anderes „erobert". Die Verschmelzung und Teilung sozialer Subsysteme ist Teil ihres natürlichen Lebenszyklus.

Echte Konkurrenzverhältnisse wirken dagegen generell negativ auf die Stabilität des Gesamtgefüges. Die Schwächung seiner Einzelteile schwächt in der Folge notwendig auch das überlagernde System. Echte Konkurrenzen drainen Ressourcen und binden Kräfte. Sie zeichnen sich dadurch aus, dass das als Feind identifizierte System aus dem Feld des sozialen Gesamtgefüges ausgeschieden werden soll. Dies geschieht durch *Vernichtung* der Opponenten. Im Falle eines Kampfes gegen das überlagernde System (Revolution) wird meist eine Ersetzung seiner dogmatischen Grundwerte mit den eigenen angestrebt, seltener sucht man die Bewohner des opponierenden Raums auszulöschen – *Konvertierung* ist das bevorzugte Werkzeug des *Conquest*.

10

Desintegration

Die Vernichtung eines sozialen Raums wird durch dessen *Desintegration* erreicht.

Man ist versucht an dieser Stelle an physische Gewalt zu denken. Meist vollziehen sich solche Prozesse aber gänzlich gewaltfrei und oft sogar unbemerkt. Wir haben es mit einem langsamen, stillen Sterben zu tun.

Ein sozialer Raum stirbt, wenn eine oder mehrere seiner *Existenzbedingungen* nicht mehr erfüllt sind. Dies ist der Fall, wenn

(1) er die Bedürfnisse seiner Bewohner nicht mehr oder nur noch unzureichend bedienen kann. Die

Bewohner wandern in der Folge entweder in andere Systeme ab (Migration) und/oder bilden neue Räume oder Subräume oder sie verweigern die Fortpflanzung (Extinktion). Fällt die für die Aufrechterhaltung des sozialen Raums notwendige Zahl von Bewohnern unter das erforderliche Maß, kollabiert das System. Dieser Prozess ist selten abrupt. Häufiger haben wir es mit einem langwierigen Verfall zu tun, der sich in Phasen vollzieht. Die physische Vernichtung der Bewohner eines sozialen Raums durch die Bewohner eines zu ihm in echter Konkurrenz stehenden (Vernichtungskrieg) ist trotz aller medialen Aufmerksamkeit, die wir solchen tragischen Kämpfen, wo sie denn vorkommen, schenken, die Ausnahme. Ebenso eine Ausnahme ist die Vernichtung der Population eines größeren sozialen Gefüges durch eine Krise, z.B. eine Hungersnot oder eine Sturmflut. Nur kleinere Systeme können mittels solcher (Natur-)Gewaltereignisse gänzlich zerstört werden.

(2) sein Dogma widerlegt oder unterdrückt wird. Die Bewohner *glauben* nicht mehr. Allein der Glaube seiner Bewohner aber konstituiert den sozialen Raum. Ohne das eine kann das andere nicht sein.

Einige Beispiele zur Verdeutlichung: Bürgerkriege, organisierte Gewaltkriminalität, Terrorismus usf. sind Beispiele für eskalierte Auseinandersetzungen zwischen sozialen (Sub-)Systemen, die die physische Vernichtung von Menschen einschließen, ohne dadurch die überlagernder Systeme zu zerstören. Diese werden lediglich destabilisiert und immanent geschwächt.

Stille, unsichtbare und darin vor allem für den übergeordneten sozialen Raum weit gefährlichere Konkurrenzen liegen in radikalisierten, *ideologischen Kämpfen* vor, ganz gleich unter welcher Fahne gestritten wird. Die beteiligten Gruppen konstituieren sich über ein neues Dogma, das das Konkurrenzverhältnis zu anderen Systemen, das übergeordnete mit eingeschlossen, überhaupt erst erzeugt. Solche aggressiven sozialen Subräume entstehen zumeist in der Folge gesamtgesellschaftlicher Krisen, die die ideologisch propagierte Deutungshoheit eines herrschenden Dogmas radikal in Frage stellen (Schwächung des Glaubens an das herrschende Dogma). Solche gesamtgesellschaftlichen Krisen können technologische oder wirtschaftliche Paradigmenwechsel, ethische oder religiöse Aufweichungen bestehender formeller oder informeller Verhaltenskodizes oder andere katastrophale und nachhaltig wirkende Ereignisse, wie z.B. Hungersnöte, Seuchen, Kriege usf. sein. Der Aufstieg des Bolschewismus, des Nationalsozialismus, der Sozialdemokratie, des antiken Christentums usf. waren nur möglich, weil die übergeordneten Systeme eine massive Glaubenskrise durchlitten und immanent geschwächt waren. In Russland waren das die durch den Ersten Weltkrieg massiv verschlechterten sozialen Bedingungen, in Deutschland das herrschende materielle und ideelle Elend der Bevölkerung nach dem Verlust des Krieges, die Industrialisierung und Verelendung des Proletariats bedingte den Aufstieg der Sozialdemokratie, eine tiefe Sinn- und Sittenkrise schuf das spirituelle Vakuum, das das Christentum ausfüllen konnte.

11
Zusammenfassung

Ein sozialer Raum erzeugt und wird strukturiert durch ein Dogma, das von den Bewohnern des Raums geglaubt wird. Dieser Glaube konstituiert den Raum als Wirklichkeit innerhalb der Wirklichkeitskonzeption der Bewohner. Individuum und sozialer Raum stehen in engem, sich gegenseitig bedingendem Verhältnis zueinander. Der soziale Raum ist Ort der Existenz, seine Existenz gründet im Glauben des Individuums.

Ein sozialer Raum bildet Subsysteme aus, die ihrerseits in konkurrierenden, affirmierenden oder indifferenten Beziehungen zueinander und zu dem sie überlagernden Raum stehen und über ihre Bewohner interagieren.

II. Der Bewohner des sozialen Raums

12
Die Ordnung des sozialen Raums als Habitat

Bislang betrachteten wir die Gesellschaft gewissermaßen von oben. Wir musterten den Organismus von außen und interpretierten dementsprechend das Verhältnis seiner Bestandteile in Bezug auf ihre Funktion und Wirkung für und auf das Gesamtgefüge. Nun stellen wir diese Perspektive auf den Kopf und schlüpfen in die Rolle des sozialen Partikels: d.i. das Individuum, die Person, der Bewohner des sozialen Raums und sein eigentlicher Träger. Wir brauchen hier übrigens keine anthropologischen Meisterleistungen zu erbringen. Es wird uns auch nicht daran angelegen sein, die Geheimnisse der menschlichen Natur oder seine komplizierte und vielgestaltige Verstricktheit mit dem ihn umgebenden artifiziellen Raum zu entschlüsseln. Für unseren Zweck, den Untergang der westlichen Zivilisation zu beleuchten, genügt es, das Grundlegendste im Verhältnis des Individuum zum sozialen Raum, in welchem es seine Existenz verlebt, aufzuzeigen.

Der soziale Raum ist der Ort der Bedürfniserfüllung seiner Bewohner. Wir verstehen mit Arnold Gehlen das menschliche Individuum als (Mängel-) Wesen, dessen Existenz sich in der Befriedigung der für diese Existenz relevanten Bedürfnisse erschöpft. Auch auf diese Bedürfnisse, die Weise ihrer Befriedigung, ihre Verortung in der Seelenlandschaft des Einzelnen, ihre Geschichte und tradierte Gestalt usf., muss im Einzelnen nicht eingegangen werden. Es genügt, sie in drei Klassen einzuteilen, um die Wechselbeziehungen zwischen sozialem Raum und Individuum hinreichend zu verstehen.

Die *ersten beiden Klassen* basieren grob gesagt auf der Körperlichkeit des Individuums, die dritte auf dessen Geistigkeit, wobei die zweite Klasse einen Übergang von konkretem zu abstraktem Bedürfnis darstellt. Ich greife an dieser Stelle vor: Die erste Bedürfnisklasse strebt danach das nackte *Leben* des Individuums zu erhalten. Es strebt zu diesem Zweck Güter wie Nahrung, Kleidung, Unterkunft, Gesundheit usf. an. Die erste Bedürfnisklasse gründet im konkreten Dasein des Menschen als Körper. Die zweite Klasse strebt die Erhaltung des Lebens über das Maß der individuellen Existenz hinaus an. Sein Ziel sind *Nachkommen* – möglichst viele und möglichst gesunde. Die Aufzucht von Nachkommen ist bei unsere Spezies langwierig und immens ressourcenintensiv. Bei anderen hochentwickelten Säugetieren dauert die Aufzucht des Nachwuchses selten länger als ein Jahr, meist viel kürzer. Danach ist die neue Generation überlebensfähig und die Elterngeneration kann „unbesorgt" in einen neuen Reproduktionszyklus eintreten. In unserem Fall muss der Nachwuchs viele Jahre gepflegt werden. Um dies zu ermöglichen werden stabile soziale Strukturen benötigt, die arbeitsteilig und effizient ein Umfeld erzeugen, in welchem die prekäre Aufzucht der so verletzlichen Nachkommen möglich ist. Soziale Kleinsträume wie Familien, Sippen oder kleine Stämme dienen diesem Zweck. Diese Kleinsträume sind gemeinsam lokalisiert. Ihre Bewohner kennen einander, sind sich vertraut – ohne notwendig verwandt sein zu müssen. Soziale Kleinsträume sind informell strukturiert. Hierarchien ergeben sich, wenn überhaupt, aus Verdienst, Kompetenz, Alter oder – seltener – aus der Herkunft. Die Amts- oder institutionelle Hierarchie sind noch unbekannt. Die emotionale Bindung der Familienmitglieder aneinander in Kombination mit dem je egoistischen Überlebensinteresse ist der Mörtel, der dieses Gefüge fest zusammenhält.

Die zweite Bedürfnisklasse strebt psychologische Güter an, die ein *Wohlbefinden* der Person jenseits des reinen Überlebens bedingen. Dieses Wohlbefinden signalisiert dem Individuum auf einer instinktiven Ebene, dass die Bedingungen für die Aufzucht von Nachkommen günstig sind. Wohlbefinden meint an diese Stelle nicht unbedingt explizites Glücksempfinden, sondern eher jene stille Zufriedenheit, die aus der Abwesenheit gröberer alltäglicher Anfechtungen folgt.

Es ist die Zufriedenheit des Bauern, der die Saat aufgehen sieht, die Zufriedenheit, die man am Abend des ersten warmen Frühlingstages nach einem langen Winter empfindet, die Zufriedenheit, die einen erfüllt, wenn der Öltank gefüllt, das Holz gestapelt, das Haus winterfest gemacht wurde, die Zufriedenheit des Handwerkers, der nach einem produktiven Tag die Füße hochlegt und sein Bierchen öffnet. Das kleine Glück des kleinen Lebens.

Die dritte Bedürfnisklasse erzeugt komplexe *soziale Räume*, in denen höhere, *abstrakte Bedürfnisse* erfüllt werden – ich stelle die weitere Erklärung für den Augenblick zurück.

Die Körperlichkeit, also *Überleben* und leibliches *Wohlbefinden*, prägt die ersten beiden Bedürfnisklassen. Geistigkeit, also gedankliche und sinnliche Abstraktion, strukturiert die dritte Bedürfnisklasse. Aus der Dualität von Geistigkeit und Körperlichkeit lassen sich zwei Ordnungsbegriffe für den Menschen als Lebewesen ableiten.

Die *natürliche Ordnung* begreift den Menschen als leibliches Lebewesen in einer natürlichen Umwelt. Die artifizielle begreift ihn als Bewohner eines sozialen (artifiziellen) Raums. Ziel der natürlichen Ordnung ist der Erhalt, die Weitergabe und Mehrung des Lebens in Gestalt individueller Existenzen. Diesem obersten Ziel nachgeordnet stehen die anthropologischen Naturgesetzlichkeiten, sofern sie das Leben in Gestalt der Individuen betreffen. Diese Naturgesetzlichkeiten sind nicht mit dem, was man heute gemeinhin unter Naturrecht versteht, zu verwechseln. Es handelt sich vielmehr um jene Ordnungen, nach denen sich Lebewesen – seltener – willkürlich oder unwillkürlich-instinktiv zwecks Mehrung ihres Lebens verhalten. Dabei steht das Einzelwesen als Träger und Objekt der natürlichen Ordnung im Vordergrund. Dies erzeugt eine paradoxe Situation. Denn gerade durch seine egoistische Grunddisposition, sein Leben um jeden Preis zu erhalten und weiterzugeben, erhält das Individuum gewissermaßen beiläufig seine Art – Art nicht im biologischen Sinne einer Tierart, sondern Art im Sinne einer nächsthöheren Lebenseinheit, beispielsweise die

Familie, die Sippe, der Stamm usf. Der Egoismus der Art wiederum erhält die Gattung, diese das Leben usf.

Die *artifizielle Ordnung* ist das Zerrbild der natürlichen. Sie zielt auf den Erhalt und die Mehrung des artifiziellen Raums, also des sozialen Raums. Träger und Objekt der artifiziellen Ordnung ist demnach der soziale Raum selbst. Aus der artifizielle Ordnung speisen sich die Gesetzlichkeiten des sozialen Raums, vornehmlich subsistent in seinem Dogma, dessen Grundmotiv besagter Erhalt des Raums ist. Das Individuum, der Bewohner, der Bürger des sozialen Gefüges wird dabei beiläufig miterhalten oder ebenso beiläufig vernichtet – wir sprechen später darüber. Definieren wir nun zunächst die Bedürfnisklassen präziser.

13

Erste und zweite Bedürfnisklasse: Überleben und
Fortpflanzung

Wir unterscheiden drei Bedürfnisklassen, die in gewisser Weise hierarchisch angeordnet sind, d.h. die zueinander grundsätzlich in einem sich bedingenden und ermöglichenden Verhältnis stehen. Ist das Verhältnis dieser Klassen zueinander gestört, leidet der erfolgreiche und natürliche Existenzvollzug des von der Störung betroffenen Individuums oder der auf der dritten Bedürfnisklasse fußende soziale Raum oder beide. Aber bleiben wir zunächst beim Menschen. Neben offensichtlichen Störungen wie Hunger oder Krankheit spielen vor allem Verhaltensstörungen in hochentwickelten Zivilisationen eine wichtige Rolle. Psychische Aberrationen sind vielfach bereits entdeckt worden. Sie liegen uns in Gestalt diagnostizierbarer Krankheitsbilder vor. Andere Aberrationen blieben dagegen bislang unentdeckt, bzw. sie werden ignoriert oder als kommensurabel aufgefasst. Dazu zählen etwa eine allgemeine Lebensunlust, Freudlosigkeit, krankhafte Lethargie, Stumpfsinn, Denkfaulheit, moralische Degeneration usf. – wir sprechen später von der conditio humana in der westlichen Welt. Zunächst zu den Bedürfnisklassen:

Bedürfnisse der <u>ersten Klasse</u> sind solche, deren Befriedigung für das *Überleben* des Individuums notwendig sind, wie Nahrung, Wasser, Schutz vor extremer Witterung, körperliche Gesundheit usf.

Werden diese Bedürfnisse nicht befriedigt, wird auf kurz oder lang der *Tod des Individuums* eintreten. Ihre unvollkommene, d.h. mangelhafte Befriedigung führt zur Verkürzung der Lebenserwartung und zu Beeinträchtigungen der je gelebten *Alltäglichkeit* – dazu gleich mehr.

Bedürfnisse der <u>zweiten Klasse</u> zielen auf das basale *Wohlleben* des Individuums ab. Hier spielen vor allem psychische Faktoren wie Sicherheitsempfinden, Hoffnung, soziale Kontakte (Kommunikation), Berechenbarkeit des Alltags usf. eine Rolle. Wohlleben darf nicht mit individuell empfundenem Glück verwechselt werden, wenn sich auch genanntes Gefühl innerer Zufriedenheit mit der Erfüllung der ersten beiden Bedürfnisklassen einstellt. Ermöglicht die Bedienung der ersten Bedürfnisklasse das Überleben, so macht die der zweiten es erträglich, angenehm, *lebenswert*. Die Erfüllung der Bedürfnisse zweiter Klasse ist notwendig für und wird ausgewiesen durch die Bereitschaft zur Bildung sozialer Kleinsträume, d.h. Familien, innerhalb derer *Nachkommen gezeugt und aufgezogen werden*.

Für die Erhaltung der Spezies ist die möglichst konstante Befriedigung dieser ersten beiden Bedürfnisklassen ausreichend – darum nennen wir sie Grundbedürfnisse oder grundlegende Bedürfnisse.

Der soziale Raum liegt innerhalb der Bedienung der Grundbedürfnisse meist nur in einer rudimentären Form als informelles Kleinstsystem vor. Er ist Mittel, nicht Zweck des Lebens. Wir stellen uns ein Rudel sympathischer Homo Sapiens in einer Höhle vor, bekleidet mit Fell, bewehrt mit Stock und Stein, geschmückt mit den Zähnen eines an Altersschwäche gestorbenen Säbelzahntigers; wir stellen uns jene in der Abgeschiedenheit unerforschter Urwälder hausenden Eingeborene vor, die uns in manchem Film als Beispiel für ein harmonisches und zufriedenes menschliches Miteinander im Einklang mit der Natur usf. vorgeführt wurden; wir stellen uns eine Siedlerfamilie im Zeitalter der American Frontier vor, die die Prärie Idahos urbar zu machen suchen.

Die dritte Bedürfnisklasse scheidet den Menschen vom Tier. Ihr ultimatives Ziel, also das, worauf jedes einzelne ihrer Bedürfnisse im Letzten abzielt, ist die Etablierung und Erhaltung eines formal-dogmatisch geordneten sozialen Raums: wir sprechen von Zivilisation. Der soziale Raum ist innerhalb der dritten Bedürfnisklasse Zweck, das Individuum Mittel zu seiner Verwirklichung. Die Zivilisation ist aber gleichsam die Bedingung der Möglichkeit der Erfüllung von Bedürfnissen dritter Klasse. Dieser Zusammenhang ist erklärungsbedürftig, sein Verständnis aber essentiell, um den Kollaps unserer Zivilisation zu verstehen.

14

Dritte Bedürfnisklasse: Lebensgefühl und Arbeit

Der Mensch ist mehr als sein Körper. Er erstrebt mehr als die reine Erhaltung und Weitergabe seines Lebens. Er will sein Leben fühlen, wahrnehmen, kontrollieren. Er will es steigern und immer intensiver *empfinden*. Er will schöpferisch tätig sein, seine Existenz in einen Horizont hinein gesetzt erleben, der die Anzahl seiner Lebensjahre weit übersteigt und so die rein leibliche Existenz intellektuell-sinnhaft transzendiert. Er will...Mensch sein.

Die dritte Bedürfnisklasse umfasst dementsprechend solche Bedürfnisse, deren Bedienung zur *Vertiefung und Erhöhung des je individuellen Lebensgefühls* führen. Sämtliche höhere Äußerungen des Daseins wie Kultur, Wissenschaft, Religion usf. fallen darunter. Kultur manifestiert sich in den ästhetischen Künsten einer Gesellschaft. Wissenschaft manifestiert sich in der Technologie, d.i. die gesellschaftliche Praxis (wie man wirtschaftet, Produkte herstellt, Erkenntnisse generiert usf.) im weitesten Sinn. Religion manifestiert sich im Ethos, wo Vorgaben zur Lebensführung, zum Lebenssinn gemacht werden, die sich endlich im Rechts (was man für angemessen hält)- und

Gerechtigkeitswesen (was man für gut hält) einer Gesellschaft niederschlagen. Ästhetik, Praxis und Ethos bezeichnen die drei Säulen, die drei Bereiche, die drei Aspekte eines sozialen Raums höherer Ordnung.

Bedürfnisse dritter Klasse können nicht oder nur höchst unvollkommen in einer „wilden" Umwelt bedient werden. Sie erfordern einen *artifiziellen Raum*. In seiner Suche, Bedürfnisse dritter Klasse zu bedienen, strebt der Mensch danach, einen solchen Raum zu erschaffen. Es ist ihm ein *natürliches* Bedürfnis, eine Gesellschaft zu gründen und sie gemäß bestimmter Regeln, die unter einem Dogma zusammenzufassen sind, zu ordnen, wohingegen sein Leben in einem solch artifiziellen Habitat unnatürlich und seinem Dasein ab einem bestimmten Punkt sogar abträglich ist.

Die dritte Bedürfnisklasse transzendiert, bzw. pervertiert Grundbedürfnisse. Aus dem Verlangen nach überlebenswichtiger Nahrung wird so beispielsweise das Verlangen nach einem bestimmten Gericht, einer Geschmacksrichtung; das Bedürfnis den Körper vor Witterungseinflüssen zu schützen, wird zum Wunsch, nach der Mode gekleidet zu sein oder in einem komfortablen Haus zu wohnen, das Verlagen nach einem Partner wird auf den Sexualakt reduziert...

Die Befriedigung von Bedürfnissen dritter Klasse ist sehr ressourcenintensiv. Der soziale Raum muss diese Ressourcen bereitstellen. Dies erreicht er zunächst durch Teilung und in einem weiteren Schritt durch Steigerung der Effizienz von Arbeit z.B. mittels besserer Arbeitsmethoden, Werkzeugen usf. Die voll automatisierte und sich selbst wartende Fabrik, die die Ressourcen, die sie verarbeitet, gleichsam selbst erzeugt, symbolisiert die Vollendung einer Entwicklung an deren Ende der vom Zwang zur Arbeit befreite Mensch (sozialistische Utopie) als obsoletes Relikt einer besiegten Natur (Wirklichkeit) steht. Dieser Traum oder Alptraum ist so alt wie die Menschheit selbst. Mythen und Märchen reflektieren ihn in der einen oder anderen Weise – man denke nur an die Heinzelmännchen oder das Schlaraffenland, man denke an Sisyphos oder die Danaiden.

Die Organisation von Arbeit und die Relokalisation von erzeugten Gütern, seien sie realer oder ideeller Art, ist die überlebensnotwendige Tätigkeit des sozialen Raums. Träger dieser Tätigkeit sind Individuen, sofern sie nicht von Maschinen ersetzt werden können.

Das Mehr an geleisteter Arbeit befreit das Individuum oder doch zumindest einige (privilegierte oder aufgrund ihrer Fähigkeiten ausgewählte) Individuen in einem sozialen Raum von der Grundsorge um ihr Dasein. Sie werden ernährt und erhalten, bzw. Ernährung und Erhaltung beanspruchen nicht mehr ihre ganze Energie. Sie verfügen nun über Zeit und Mittel, die sie in die Erfüllung von Bedürfnissen dritter Klasse zu investieren beginnen. Sie schaffen Kultur, Technologie, Religion usf. mit dem expliziten Ziel, das Lebensgefühl der Bewohner des sozialen Habitats zu steigern. In Wahrheit ist diese Steigerung nur ein Nebenprodukt. Das implizite, eigentliche und meist unwissend und unbewusst angestrebte Ziel ihres Wirkens ist die Erhaltung und Förderung des sozialen Raums.

Die dritte Bedürfnisklasse besitzt eine weitere Besonderheit, die erwähnenswert ist. Während die Bedienung eines Bedürfnisses aus den ersteren beiden Kategorien zum temporären Verstummen desselben führt, steigert die Befriedung eines Bedürfnisses der dritten Klasse dasselbe. Man will mehr. Mehr Luxus, mehr Unterhaltung, mehr Ablenkung, mehr Sinnenfreude, mehr Sensation usf. Die Bedürfnisse dritter Klasse sind generell pleonexisch: Ihre Befriedigung steigert sie. Dies führt in der Folge zur explosiven Expansion von sozialen Räumen. Diese Expansion kann auf ganz verschiedenen Feldern erfolgen, oft auf mehreren zugleich: Kulturelle Expansion, technologische Expansion, territoriale Expansion, Expansion der Zahl der Bewohner, ihres Reichtums, ihrer freien Zeit usf. Soziale Räumen wachsen krebsgeschwürartig und, um diese Analogie fortzusetzen, verenden in letzter Konsequenz an ihrem eigenen Erfolg. Die kontinuierliche und erfolgreiche Steigerung des Lebensgefühls seiner Bewohner schafft die Bedingungen, die schlussendlich den Niedergang des artifiziellen Raums einleiten. Wir sprechen im zweiten Teil dieses Buchs konkret über diese Krankheit zum Tode.

15

Alltag

Der existentielle Modus des Bewohners eines sozialen Raums erschöpft sich bis auf jene wenigen hellen, außerordentlichen Augenblicke vollster Selbst-Bewusstheit in dessen *Alltäglichkeit*. Alltäglichkeit bezeichnet in diesem Zusammenhang nicht nur die routinierten Besorgungen des Alltags, sondern gleichzeitig den *Erkenntnishorizont,* in welchem die alltägliche Wirklichkeit wahrgenommen und interpretiert wird. Dies ist von zentraler Bedeutung, um die zuerst erbauliche und späterhin gleichsam fatale Wechselbeziehung zwischen Individuum und sozialem Raum zu verstehen. Es geht darum, zu begreifen, wie der soziale Bewohner im Hause seiner artifiziellen Welt lebt, wie und warum er sich benimmt, wie er sich benimmt, wie und warum er denkt, was er denkt, und welche Folgen das alles für den Gesamtorganismus der Gesellschaft mit sich bringt.

Die meisten alltäglichen Handlungen, Verhaltungen und Deutungen sind nicht Erzeugnisse einer bewussten und planvollen Überlegung des Individuums. Vielmehr entspringen sie einem bestimmten Habitus[1]. Sie folgen einer Gewohnheit, die anerzogen, angewöhnt und über den sozialen Raum vermittelt und propagiert wird. Der Habitus ist die sichtbare Form der je gelebten und etablierten, allgemeinen Alltäglichkeit. Er beschließt in sich die dogmatischen Grundwerte des sozialen Raums sowie die Möglichkeiten ihrer Anwendung im Alltag. Soziales Dogma und Alltäglichkeit verhalten sich wie die Funktion zur Zahlenreihe: Dogma z.B. (x+1), Zahlenreihe aus dieser Funktion (1,2,3,4...)

Der Habitus schließt Sprache (Sprechsprache und Symbolsprache), Werturteile, gemeinsames Wissen und

---

1   Bourdieu, Pierre: Die feinen Unterschiede. Kritik der gesellschaftlichen Urteilskraft, 1987.

30

Vorstellungen, Ideen von Glückseligkeit, Angemessenheit, Gerechtigkeit, Sinn usf. ein. Wie das Dogma die artifizielle Welt des von ihm emanierenden sozialen Raums gestaltet, so gestaltet es auch die Landschaft der Innerlichkeit seiner Bewohner. Der Habitus ist der Modus alltäglicher Existenz, in welcher neben den Grundbedürfnissen vor allem die Bedürfnisse der dritten Klasse entwickelt und erfüllt werden können.

Alltäglichkeit und Habitus sind der Kleister, der die Bewohner eines sozialen Gefüges miteinander verbindet. Die gemeinsame Sprache, Wertvorstellungen, Weltanschauungen usf. erlauben den Partikeln einer Gesellschaft relativ reibungslos miteinander zu interagieren und so ihre alltäglichen Besorgungen zu verrichten. Der gemeinsame Habitus bewirkt, dass ein Künstler ein Werk produzieren kann, das von seinen Mitmenschen auch verstanden und genossen (auch emotionale Ablehnung stellt eine Art des Genusses dar) werden kann; er bewirkt, dass die Erfindung eines Wissenschaftlers gebührend geehrt und seine Auswirkung auf die Gesellschaft sowie die Möglichkeiten seiner Anwendung begriffen werden können; er macht, dass die Erzeugnisse eines Ethos (z.B. Moralien) als notwendig oder wünschenswert oder verachtenswert interpretierbar sind. Er scheidet Licht von Finsternis, Glauben von Wissen, Gut von Böse. Die antiken Griechen etwa verfügten über die Kenntnis dampfbetriebener Maschinerien. Innerhalb ihrer Alltäglichkeit war dieses Wissen allerdings wenig relevant. Es wurde nur in besonderen Fällen wie ein Zaubertrick[2] angewandt, Eingang in die technologischen Praxis fand es nicht, weil seine Bedeutung in diesem sozialen Raum nicht begriffen werden konnte.

16

Mitmenschlichkeit, Fremdheit, Brüderlichkeit

Auf der Ebene der Grundbedürfnisse gleichen die Habiti aller Menschen und aller Zeiten einander. Wir teilen als Körperwesen grundlegende Gemeinsamkeiten.

---

2   Vgl. etwa den Heronsball.

Der Mensch vor tausend Jahren unterscheidet sich nicht im Wesen, sondern nur in der Ausgestaltung seiner existentiellen Möglichkeiten von dem der Gegenwart. So können wir beispielsweise die Kunst des Mittelalters intellektuell fassen, ohne sie im eigentlichen Sinne geistig fassen und *genießen* zu können, weil uns das Dogma und die Alltäglichkeit des sozialen Gefüges, in welchem sie entstand, innerlich fremd sind. Auf der anderen Seite empfinden wir den Anblick der Bauernstube, die Wärme des Grundofens oder den Duft frisch gebackenen Brotes mit gleicher animalischer Wollust und Befriedigung wie unsere Vorfahren, weil hier die allen Menschen eignenden Grundbedürfnisse angesprochen werden. Der gleiche Graben, der die Epochen durchzieht, trennt auch die Kulturen der Gegenwart voneinander und kann sogar einen an sich homogenen sozialen Raum durchziehen, wenn dessen Dogma *desintegriert* – wir werden darauf zu sprechen kommen.

So können wir im Westen beispielsweise den Islam als religiösen Ethos intellektuell begreifen, ohne ihn doch innerhalb unserer eigenen Lebenswirklichkeit, die christlich-hellenistisch geprägt ist, als gestaltendes Prinzip eines sozialen Raums anerkennen zu können. Er fühlt sich „fremd" an. Diese empfundene *Fremdheit* und ihre Gegenreaktion, der *Fremdenhass,* sind Folgen der Unfähigkeit der Bewohner eines sozialen Raums sich in die Bewohner eines anderen, d.h. eines Raumes mit anderem Dogma, *hineinzuversetzen*. Diese Unfähigkeit darf nicht mit Unwilligkeit verwechselt werden. Wir haben es hier tatsächlich mit einer Unmöglichkeit zu tun, einer babylonischen Sprachverwirrung. Wir können den Fremden schlicht nicht als Bewohner (s)eines sozialen Raums verstehen. Wir wissen nicht, um das geflügelte Wort zu bemühen, wie es ist, in seinen Schuhen zu gehen. Sein Habitus, seine Alltäglichkeit, die Konstruktion seiner Wirklichkeit usf. müssen für uns im Letzten rätselhaft und fremd bleiben. Wir können zwar mit einiger Mühe lernen, ihn, sein Verhalten, seine Einstellungen und Vorbehalte, intellektuell zu interpretieren. Diese Deutungen geschehen aber stets gemäß den Vorgaben unseres je eigenen Habitus. Wir stellen uns vor, wie es ist, jener zu sein – dies ist ein rationaler, kein emotionaler Prozess. Wir versetzen uns in ihn hinein, bleiben dabei aber immer wir selbst. Immer und mit Notwendigkeit nehmen wir das Gesamt der Wirklichkeit durch die Brille *unserer* habitualisierten Alltäglichkeit in den Farben unserer artifiziellen Welt wahr. Wir deuten unsere Umwelt und natürlich auch den Fremden, der in ihr erscheint, stets und mit Notwendigkeit innerhalb unseres dogmatisch absicherten und habituell uns eingeprägten Wirklichkeitshorizontes.

Dieser Vorbehalt trifft – ich wiederhole es nochmals und mit Nachdruck – nur das habituelle Verstehen innerhalb der dritten Bedürfnissphäre, d.h. das Fassen einer Person in ihrem sozialen Sein, sofern sie sich mit ihm identifiziert, als bspw. Amerikaner, Kapitalist, Protestant, Asiate, Menschenrechtler usf.

Abseits davon, auf Basis ihres körperlichen Seins und dessen Erfordernissen, sind alle Menschen Brüder und Schwestern, Angehörige einer Familie, Genossen eines gemeinsamen Schicksals, dessen Morgenröte Leben und dessen Dämmerung der Tod ist. Selbst das Tier steht uns als Körperwesen so nahe, dass wir seine Abbilder als Götter verehren und ihm sogar Rechte auf Basis ethischer Überlegungen (Tierrechte) einräumen, ihm also einen Platz innerhalb unsere artifiziellen Habitate einräumen.

Allen Menschen eignet die gleiche Bedürfnisstruktur. Egal ob Afrikaner, Asiate, Europäer, Australier oder Amerikaner – alle Menschen sind hinsichtlich der ersten beiden Bedürfnisklassen gleich. Sie hungern, dürsten, frieren, streben danach zu kommunizieren, Beziehungen aufzubauen und sie zu unterhalten, sich fortzupflanzen, in Sicherheit zu leben usf. In seiner Bedürftigkeit ist der Mensch wahrhaft egalitär. In seiner Bedürftigkeit versteht einer den anderen ohne Worte – man leidet mit (em-pathein). Es kommt nicht von Ungefähr, dass man uns die Bilder hungernder Kinder zeigt, wenn man uns um die Weihnachtszeit herum um Spenden angeht. Kultur, Sprache, Religion – die Erzeugnisse des sozialen Raums und darin das Trennende zwischen den Bewohnern verschiedener Räume – verblassen unter dem Eindruck der Verletzung von Bedürfnissen der ersten beiden Klassen. Wir *empfinden* Mitleid mit dem Hungernden, wir haben *Mitgefühl* mit alleingelassenen Frauen und Kindern. Uns stellt sich eine Wirklichkeit vor, in welcher Leben und Wohlleben in Frage gestellt werden, und wir reagieren auf diese Gegenüberstellung mit *emotionaler* Anteilnahme, die jede Vernunft und anerzogene Sichtweise auf die Welt sogleich überschreibt. Mag es der „Eigennutz der Gene" oder das Grundbedürfnis sein, unsere Spezies erhalten zu wollen – immer wird das nackte Leben dem Lebensgefühl im sozialen Raum emotional vorangestellt werden. Wir leiden nicht, wenn wir sehen, wie jemand sein Smartphone verliert, wohl aber, wenn ein Mann einen Säugling schüttelt.

Man denke nur, wie sich die Spendenbereitschaft verändern würde, wenn in den musikalisch so passend untermalten Werbefilmen karitativer Organisationen der buntgewandten Frau und ihrem Kindlein ein kräftiger Mann zur Seite gestellt wäre! Der Eindruck einer vollständigen Familie würde zur (unbewussten) Einschätzung führen, dieser soziale Kleinstraum wäre funktional, d.h. in ihm würden die Bedürfnisse der ersten beiden Klassen ausreichend erfüllt, wofür als Beweis die Anwesenheit des Nachwuchses stünde. Oder man stelle sich vor, die Frau würde anstelle eines bunten Kopftuches in schwarzer Vollverschleierung erscheinen – der Mitmensch, die Schwester im Fleisch verschwände dann in der Wahrnehmung unter einem sprichwörtlichen „Schleier", die Person verschwände unter der Fremdartigkeit des sozialen Raums, den sie bewohnt <u>und</u> repräsentiert.

Auf Basis der ersten beiden Bedürfnisklassen vermag jeder Mensch mit jedem anderen Menschen mitzufühlen. Mit dem Tier vermag er dies nur auf Basis der ersten Bedürfnisklasse und auch dort nur mit gewissen Einschränkungen. Es ist höchst aufschlussreich, wenn man einen Blick auf die sogenannte Tierrechtsbewegung oder Tierethik wirft. Um den moralischen Anspruch des vernunftlosen Tieres innerhalb eines sozialen Raums zu rechtfertigen, bemüht man sich, eine moralisch relevante (und allgemein zustimmungsfähige) Gemeinsamkeit zwischen Zwei- und Vierbeiner aufzuweisen. Diese Gemeinsamkeit besteht in der Körperlichkeit, resp. in der Fähigkeit, Schmerz zu empfinden und daran zu leiden. Schmerz, um es sehr vereinfacht auszudrücken, ist etwas allgemein Schlechtes. Darum ist das Zufügen von Schmerz immer moralisch verwerflich. Diese Argumentation gründet in einer Kompromittierung der ersten Bedürfnisklasse (das nackte Leben) eines leidensfähigen Wesens. Damit die Tierrechtsethik *funktioniert*, bedarf es aber noch einer zweiten Zutat. Diese ist geheim und unsichtbar; sie liegt im Zauberreich der Vernunft und der dritten Bedürfnisklasse verborgen: Es ist die Fähigkeit, überhaupt ethische Erwägungen anstellen zu können, die dem Werturteil selbst als notwendiger Bestandteil innewohnen, gewissermaßen als deren stiller Teilhaber. Der Tiger, der die Gazelle erjagt, bleibt von der moralischen Verurteilung auf Grund seines Mangels an Einsicht in die genannten ethischen Prinzipien ausgenommen. Seine Natur spricht ihn zwangsläufig frei, weil er das Verbrecherische seines Tuns nicht verstehen kann: Unwissenheit schützt in seinem Fall vor Strafe. Nur der westlichen Welt gelang übrigens das Kunststück, dem Tier Rechte nachzuweisen, die es den Mitgliedern seiner eigenen Spezies, ja dem eigenen Nachwuchs, absprach.

17
Die Sprache der Alltäglichkeit – das Man

Die Alltäglichkeit der Bewohner eines sozialen Raums definiert deren Wahrnehmung der Wirklichkeit, genaugenommen definiert sie deren Wirklichkeit an sich. Umgekehrt gestaltet die je propagierte Wirklichkeit eines sozialen Raums die Alltäglichkeit ihrer Bewohner. Habitus und Gesellschaft stehen in enger, sich gegenseitig affirmierender Beziehung.

Das Zustandekommen einer sozialen Wirklichkeit ist kein zufälliger Prozess, vielmehr folgt es sehr strikten

Regeln. Es ist absolut notwendig Werden und Wirken sozialer Wirklichkeitsauffassungen zu verstehen, sind sie doch maßgeblich für die Entwicklung, Formung und endlich für den Zerfall des sozialen Raums verantwortlich.

Erfreulicherweise müssen wir an dieser Stelle das Rad nicht neu erfinden. Wie wir uns bei Bourdieu mit dem Habitusbegriff bedienen konnten, so finden wir bei Martin Heidegger eine brillante Definition gesellschaftlich dominierter und konstruierter Wirklichkeit im Begriff des *Man*. Ich will die Idee des *Man* in vereinfachter Weise vorstellen:

Das Man bezeichnet und erzeugt gleichsam die in einem sozialen Raum wirksame, konsensuelle Wirklichkeit, die Handlungsweise, Verhalten und den (intellektuellen) Wahrnehmungshorizont des Bewohners eines Raums determiniert. Sprachlich erscheint das Man am deutlichsten in solchen Sätzen, die auf eben diesen Wirklichkeitshorizont verweisen: „Man muss sein Brot verdienen, man muss in die Schule gehen, man heiratet, man bekommt Kinder, man stirbt irgendwann..." Ergänzt werden diese Aussagen oft mit dem Zusatz: „Das ist eben so." Betrachtet man die sprachliche Manifestation des Man, wird sein dogmatisches Wesen, vor allem aber seine Funktion innerhalb des sozialen Raums deutlich.

Das Man ist wesentlich *dogmatisch, sein Wesen ist das Dogma*. Es ist die Inkarnation des Dogmas in der Sprache des Alltags. Es reglementiert den sozialen Raum und das Verhältnis seiner Bewohner untereinander und zu ihm als überlagernde Schein-Entität (der Raum existiert ja nur in der Vorstellung seiner Bewohner, er ist das Erzeugnis ihres Glaubens). Um eine Analogie heranzuziehen: Das Man repräsentiert das, was Gott in einem ethisch-religiösen Zusammenhang vorstellt oder das „kleinste Teilchen" in der Physik. Es west in allem an, ist Ursprung und Ziel allen Strebens und Wollens, ist liebevolle Mutter und rachsüchtiger Tyrann, es belohnt Konformität und bestraft Apostasie. Es ist eifersüchtig, es duldet nichts neben sich, es verlangt absoluten Gehorsam: „So etwas macht *man* nicht" – dieser Satz wird benutzt, um Kindern die Grenzen des

Angemessenen aufzuzeigen, ohne das eine weitere Hinterfragung möglich wäre. „Gott hat es befohlen" und „Man macht das eben so" sind strukturell identische Aussagen in einem unterschiedlichen Jargon zum Ausdruck gebracht.

Neben seiner regulierenden Funktion bestimmt das Man auch Wahrnehmungs- und Interpretationsmöglichkeiten der (individuellen und konsensuellen) Wirklichkeit, indem es den Bewohnern eines sozialen Raums einen Vorrat an definierten und wertenden *Sinnstrukturen* zur Verfügung stellt. Sichtbar wird dieser Mechanismus bspw. an der stark-emotionalen Wirkung bestimmt besetzter Begriffe: Nazi, Ausländer, Jude, Prostituierte, Pädophiler usf. sind Beispiele dafür. Man kann diese Worte kaum lesen, geschweige denn öffentlich aussprechen, ohne auf dem Magengrund ein unangenehmes Kitzeln zu verspüren. Diesen Begriffen haftet etwas zutiefst Negatives, Verstörendes an, obwohl sie für sich genommen, d.h. aus dem Kontext ihrer gewöhnlichen Verwendung gehoben, völlig indifferent sind: Nazi ist die Kurzform von Nationalsozialist – einer Spielart des Sozialismus. Ein Ausländer ist eine Person, die aus dem Ausland kommt. Ein Jude ist Angehöriger der judaistischen Religionsgemeinschaft usf.

Wir haben gerade die soziale Konnotation der Begriffe ausgeblendet. Diese Konnotation aber hat einen sehr bestimmten Sinn, eine gewachsene Bedeutung, die ihre Aussage gemäß des sozialen Dogmas setzt.

Die Sprache eines sozialen Raums ist nichts Absolutes, Feststehendes. Worte sind, wie Nietzsche es einmal polemisch ausgedrückt hat, Lügen, weil sie nicht (nur) bezeichnen, was sie zu bezeichnen vorgeben. Jedes Wort ist mit einer ganzen Reihe zusätzlicher Bedeutungen verknüpft, die die Bewohner eines sozialen Raums unbewusst erlernen. Jeder Satz besitzt neben dem Gehalt der in ihm verwandten Worte einen weiteren, oft situativen Sinn, der immer und notwendig mit-verstanden wird.

Sprache und Vernunft sind eng miteinander verknüpft: Das eine kann nicht ohne das andere sein. Die

Sprache gibt den Raum des Denkens nicht nur vor, sie begrenzt gleichsam die Möglichkeiten der Bewegung in ihm. Auf der anderen Seite beschränken die Regeln der Vernunft (Logik) die Aussagemöglichkeiten der Sprache. Eine sinnvolle Aussage muss den Regeln der Grammatik folgen und in einer lebenswirklichen Plausibilität gründen, um verstanden werden zu können.

Der soziale Raum formt Sprache und Denken seiner Bewohner. Dieser Sachverhalt ist essentiell, um Veränderungen der Alltäglichkeit des sozialen Raums nachvollziehen zu können. Denn immer sind diese Veränderungen mit einer Veränderung der Bedeutung von Sprache verbunden. Ein wunderbares Beispiel davon gibt Orwells dystopischer Roman 1984. Um eine Revolution, d.h. dogmatische Veränderung des sozialen Raumes nachhaltig zu verhindern, etabliert das herrschende Regime einen neuen Modus von Sprache, das sog. Neusprech. Dieses Neusprech besteht im Wesentlichen in einer extremen Reduktion möglicher Interpretationen. Dadurch soll verhindert werden, überhaupt noch revolutionäre, umstürzlerische Gedanken denken zu können. Gleichzeitig sollen Paradoxe, die gefährlich für je kommunizierte Wirklichkeit innerhalb eines sozialen Raums sind, plausibel denkbar werden, ohne dass sie dem Denkenden als anstößig, da widersinnig erscheinen. Doppeldenk heißt das bei Orwell. Doppeldenk ist die gesellschaftlich vermittelte und habitualisierte Fähigkeit der Bewohner eines sozialen Raums etwas und sein Gegenteil *gleichzeitig* denken zu können, ohne auf das Paradox aufmerksam zu werden, bzw. an ihm Anstoß zu nehmen. (In letzter Konsequenz strebt Doppeldenk an, das emotionale Unwohlsein, das mit dem Paradox einhergeht, aufzulösen.) Damit wird die aristotelische Grundforderung aller Logik nach sprachlicher Widerspruchsfreiheit (etwas kann nicht zugleich es selbst und sein Gegenteil sein) aufgehoben und darin die *intellektuelle Möglichkeit,* eine fixe Wahrheit in Gestalt eines logischen Schlusses zu gewinnen, suspendiert.

Neusprech und Doppeldenk sind keine dystopischen Fantasien. Vielmehr beschreibt Orwell hellsichtig grundlegende Mechanismen sozialer Propaganda. Sein Anschauungsmaterial waren die Nationen Europas in der ersten Hälfte des 20. Jahrhunderts. Neusprech und Doppeldenk wurden nie überwunden, sondern haben sich massiv weiterentwickelt. Diese Weiterentwicklung ist völlig normal, dem sozialen Raum natürlich. Je weiter ein sozialer Raum entwickelt ist, desto tiefer müssen die in ihm propagierten Narrative auf dessen Bewohner wirken. Wir werden gleich auf das Verhältnis von sozialem Raum, sozialem Narrativ und Individuum zu sprechen kommen.

Vor allem die Massenmedien begünstigen die Vereinheitlichung und Verbreitung wirklichkeitsdefinierender Narrative. Solche wirklichkeitsdefinierenden (und sinnstiftenden) Narrative fußen auf dem Dogma eines sozialen Raums und versorgen dessen Bewohner mit einem Vorrat an Sinn- und Symbolelementen, durch die der Einzelne seine Wirklichkeit zu interpretieren vermag, nein, interpretieren muss.

18
Die Grenzen des Man – der Körper

Das Man ist umfassend, allgegenwärtig und zugleich unterirdisch, unsichtbar. Es ist die flüsternde Stimme eines eifersüchtigen Gottes und das Geschrei seiner Priester. Es formt gleichsam die Wirklichkeit, die es beschreibt. Es wirkt in Herz und Hirn seiner Anhänger. Es gibt kein Entkommen vor ihm. Und doch ist es nicht allmächtig, vielmehr tönern, rissig, porös. Sein Fundamt ist ungebrannter Lehm und Sand. Denn das Man gründet in den Bedürfnissen der dritten Klasse und dem sozialen Raum. Dort thront es, hoch oben, alles sehend, alles wissend, alles erklärend. Doch seine Perspektive ist begrenzt. Gerade die Weite seines Blicks und die Höhe seines Anspruchs limitieren es. Das Man kennt nicht das Kleine, das Geringe, das Konkrete. Es weiß nichts vom unmittelbaren Fühlen und Erleben. Seine Macht besteht in der Interpretation von

Vergangenem, nicht im Erleben von Gegenwärtigem. Für den Augenblick und das Erlebnis ist es blind. Es ist der Abstraktion verfallen.

Man könnte tausende Beispiele für die Entmachtung des Man durch das Geringste, Allergeringste anführen. Ein Stein genügte, Goliath zu Fall zu bringen, die Eifersucht seiner alternden Ehefrau kostete Herkules, einem Göttersohn, das Leben, ein Reiskorn ruinierte China. Eine Ankedote möchte ich doch nicht schuldig bleiben, weil sie die Entmachtung der Abstraktion durch das konkrete körperliche Fühlen sehr deutlich und amüsant vor Augen führt:

Eine der dominierenden Lebensphilosophien der Antike war der Stoizismus. Er lehrt (und fordert) die Unerschütterlichkeit der Seele gegenüber Beeinträchtigungen durch das Schicksal und seine Schläge. Die beharrlich verfolgte Argumentationslinie propagiert die Möglichkeit der Suspension körperlicher Zustände durch den Geist. Dieser, so das Dogma, könne Trieb, Begehren usf. durch Rationalisierung entmachten. Leiblicher oder seelischer Schmerz, so lehrt die Stoa, ist kein wirkliches Übel. Er erschüttert die Seele des Weisen nicht und kann demzufolge aus der Warte der Vernunft auch nicht dessen Glückseligkeit beeinträchtigen. So sagen es die Stoiker.

Die antagonistische Schule war die des Epikur. Diese sieht das Hedon, die Lust, als höchstes aller Güter an und empfiehlt ihren Anhängern dementsprechend einen hedonistischen Lebensstil. Damit ist freilich nicht der platte Hedonismus unserer Tage gemeint, der auf primitivste Art materielle Gelüste zu stillen sucht, die er selbst erzeugt. Vielmehr geht Epikur vom Schmerz als Movens aus. D.h. Triebe, die in uns bestimmte Begehrlichkeiten erwecken und in der Folge Handlungen motivieren sind in Wahrheit Schmerzen. Die Stillung einer Lust ist nur das Verklingen des durch sie verursachten Schmerzes. Diese Stillung empfinden wir als Wohlgefühl. Und tatsächlich ist es angenehm, wenn ein Schmerz nachzulassen beginnt. Der Zustand gelassener Glückseligkeit ist dann verwirklicht, wenn eine Person schmerzfrei ist. Mit Schmerzfreiheit ist sowohl die körperliche als auch geistige gemeint. Schmerzfreiheit impliziert gleichsam ein Nicht-mehr-Wollen, das dem im Buddhismus durch Meditation angestrebten Zustand „inneren Friedens" sehr ähnlich ist. Sorglos und gesund liegt Epikur auf seiner Hängematte, plaudert mit Freuden und denkt nach – das ist das Bild epikureischer Glückseligkeit, ein kleines, aber sehr menschliches Glück, das von den großen Moralpredigern der Antike selbstverständlich verachtet wurde. Schmerzfreiheit, um es im gedanklichen Rahmen dieses Büchleins auszudrücken, herrscht dann, wenn die Bedürfnisse der ersten beiden Klassen erfüllt sind. Nun zur versprochenen Anekdote.

Ein gewisser Vertreter der Stoa galt als besonders bissiger Verächter der Epikureer und großer Moralist. Er behauptete im Einklang mit der Lehre des Zenon – und belegte dies mit vielen Vernunftgründen – körperlicher Schmerz vermöge die Glückseligkeit eines gemäß den Regeln der Vernunft lebenden Menschen nicht zu verfinstern. Er behauptete dies lange und vehement, bis ein fauler Zahn ihn eines Besseren belehrte. Wer einmal an einer offenen Zahnwurzel litt, weiß, wie intensiv diese Art von Schmerz ist. Er treibt einen regelrecht in den Wahnsinn. Und so litt auch unser stoischer Freund Höllenqualen, bis ein freundlicher Zeitgenosse und Anhänger des Hypokrates den faulen Bösewicht zog. Erlöst vom Zahnschmerz verharrte der Stoiker nicht länger in seinem Irrtum, sondern bekannte jenen offen, und wandte sich sogleich der Schule des Epikurs zu – ein wahrhaft weiser Mann, vermochte er doch einen Fehler zuzugeben, eine Eigenschaft, die nur wenige besitzen. Schritt er vor seiner Läuterung noch zu Fuß im einfachen Kleid der Philosophen umher und begnügte sich mit einfacher Kost, so ließ er sich nun in einer Sänfte tragen und genoss ausschweifende Mahlzeiten – ein vielleicht doch nicht so weiser Mann, verwechselte er doch Schmerzfreiheit mit billiger Lustbefriedigung.

Was ist die Moral dieser Geschichte? Eine Verletzung der Grundbedürfnisse überschreibt *potentiell* die dogmatischen Setzungen eines sozialen Raums. Je weiter ein Raum entwickelt ist, desto größer wird sein

Einfluss auf das Individuum als Körperwesen bis zu dem Punkt, wo auch der Schmerz das Band nicht mehr zu zerreißen vermag, dass den Menschen an sein Habitat kettet. Die dogmatischen Setzungen dienen, wie gesagt, dazu, jene höhere dritte Bedürfnisklasse zu gründen und zu erhalten. Dies macht es notwendig, dass Bedürfnisse der ersten beiden Klassen intellektuell relativiert werden. In einem sozialen Raum muss sich das Individuum beherrschen und von Zeit zu Zeit auch Verzicht leisten. Doch dauerhaft und lückenlos funktioniert diese intellektuelle Überschreibung der Grundbedürfnisse nicht. Die Macht des Man endet gewissermaßen mit einem Mückenstich, einem Zahnschmerz oder dem Wunsch, sich einem anderen Menschen in intimer Weise zu nähern, ohne dessen Einwilligung abzuwarten.

19

Die Inkarnation des Man – der Staat

Das körperliche Wohlbefinden, bzw. dessen Abwesenheit ist die größte Sorge des Man. Darum wird jeder soziale Raum generell danach streben, die ersten beiden Bedürfnissphären seiner Bewohner möglichst vollkommen abzudecken. Niemand darf hungern, frieren, Not leiden. Die Bewohner des sozialen Raum müssen sich zumindest sicher fühlen, geschützt von einer abstrakten, höheren Macht, die von Plakaten und aus Lautsprechern zu ihnen spricht: Keep calm and carry on. Der große Bruder, der „Staat", die Nation, das Gesetz usf. – sind Abbilder, Chiffren, Analogien vom Verhältnis des Individuums zu seiner sozialen Umwelt. Der Staat ist zugleich die „Inkarnation" des Man, wie jenes dessen Geisteskind ist. Der Staat ist ein gedachter Gott, dessen Symbole den öffentlichen Raum dominieren. Die Uniformen seiner Erfüllungsgehilfen, seine Gebäude, Lieder, Flaggen usf. sind allgegenwärtig und sollen das Individuum seiner Echtheit, seiner Anwesenheit versichern. Der Jargon seiner Funktionsträger unterscheidet sich von der Alltagsprache der verwalteten Bevölkerung. Der Ton ist distanziert, fühllos, mechanisch, unnötig abstrakt und verschachtelt

42

– auch dies hilft, die Illusion eines Überwesens aufrechtzuerhalten.

Der Staat, d.h. das, was man gemeinhin darunter versteht, ist die Manifestation des Man. Dabei ist er genau genommen ein völliges Abstraktum. Faktisch besteht er nur innerhalb der Wirklichkeitskonzeption der Bewohner eines sozialen Raum, der durch das Instrument hierarchischer Machtbeziehungen reguliert und strukturiert wurde. Erst der Glaube an den Wert einer Währung verleiht ihrem wertlosen Symbol, dem Papierschein, die Macht, Waren einzuhandeln. Der gleiche Glaube konstituiert den sozialen Raum und auch den Staat als dessen prominenteste Gestalt.

Diesen Glauben (Dogma) in der Bevölkerung lebendig zu erhalten, die grundlegenden (nicht die jeweiligen) Machtverhältnisse (Sinnstrukturen) stetig zu reproduzieren und darin das Gesamtgefüge des sozialen Raums zusammenzuhalten, ist das einzige Ziel und die einzige Aufgabe des Staates. Die Erhaltung seiner Bevölkerung (erste und zweite Bedürfnissphäre) und ihre Ordnung in einem sozialen Kontext stellt dafür eine Bedingung dar – sie ist nicht das eigentlich Angestrebte. Oft schon haben wir in der Geschichte die leidvolle Erfahrung gemacht, dass ein Staat große Teile seiner Bevölkerung opfert, um sich selbst zu erhalten. Die Schlachtfelder dieser Welt bezeugen den Egoismus des Systems gegenüber seinen Bestandteilen. Wieder scheint hier eine Analogie zum Körper passend: Um das Überleben des Gesamtorganismus zu erhalten, ist man bereit einzelne Teile aufzugeben.Vortrefflich und mit luzider Präzision hat Giorgio Agmaben in seinem *Homo Sacer* das Verhältnis von Staat und Individuum, von System und nacktem Leben aufgearbeitet – das Büchlein ist hiermit dem Leser zur Lektüre anempfohlen.

Wie nun reproduziert und affirmiert der Staat als Erzeugnis eines sozialen Raums oder der soziale Raum in Gestalt eines Staates den Glauben der Bevölkerung an ihn?

1. Er hilft seinen Subjekten, *Bedürfnisse der ersten*

und zweiten Klasse zu erfüllen, indem er zum Beispiel mittels Gesetz deren Verhältnis zueinander sinnhaft ordnet, bzw. einen Rahmen schafft, in dem die Individuen konfliktreguliert miteinander interagieren können. Der Staat wird so als etwas Notwendiges, als Bedingung der Möglichkeit friedvollen Zusammenlebens wahrgenommen. Er affirmiert diese Vorstellung beharrlich. Der Glaube, der Staat wäre notwendig, ohne ihn würden sich die Menschen wie Wölfe zerfleischen – vgl. Hobbes: Leviathan –, gründet auf irrationalen Ängsten und Vorbehalten, die in der Bevölkerung künstlich erweckt werden. Wie der Glaube an Hölle und Fegefeuer die Frömmigkeit von Bewohnern des religiösen Raums bestärken soll, so soll der Glaube an Chaos, Anarchie und Blutvergießen die Konformität der Bevölkerung erzeugen. Wo dieser Glaube übrigens nicht hinreicht, vollstreckt der Staat selbst die Strafe für Nonkonformität mittels seiner Institutionen. Er erzeugt dabei, wovor er warnt. Zwischen dem Räuber, der einem die Taschen leert, und dem Polizisten, der einem einen Strafzettel überreicht, steht lediglich der Schemen eines Gesetzes, das das Individuum nicht gemacht und dem es nie zugestimmt hat. Wie die Amtskirche alle Konkurrenten im religiösen Feld mit dem Prädikat „Sekte" versieht, ohne sich von jenen – mit Ausnahme der Größe und Macht – wesentlich zu unterscheiden, so nennt sich die erfolgreichste Verbrecherorganisation Staat und ihre Konkurrenten Kriminelle.

Der Staat bestraft niemals – und das ist höchst aufschlussreich – das Verbrechen, das eine Person an einer anderen begeht, sondern nur der Bruch des Gesetzes, d.h. der Verstoß gegen das Dogma.

2.	Um seine Plausibilität in der Wirklichkeitsvorstellung seiner Bevölkerung ständig zu reproduzieren und deren Verhalten in gewünschter Weise zu beeinflussen, verfällt jeder soziale Raum darauf, die *Erziehung und Sozialisierung* der in ihm geborenen oder ihn beitretenden Individuen planvoll zu organisieren. Die gemeinsame Sprache, gemeinsame Wertvorstellungen, gemeinsame Interpretationen geschichtlicher Prozesse –

das Man also an und für sich – sind Früchte dieser bestimmten Erziehung. Ob jene sich informell im Kreis der Familie oder formell in einer Schule vollzieht, ob sie charakterbildend ist oder unvollkommen bleibt, ob sie von religiösen, mythischen, ökonomischen, wissenschaftlichen Narrativen begleitet und unterstützt wird – das alles spielt im Letzten keine, zumindest keine große Rolle. Ziel der Erziehung ist der konforme Mensch, d.h. das Individuum, dessen Wirklichkeitshorizont mit dem des sozialen Raum idealerweise übereinstimmt und der außerhalb bekannter Narrative nicht zu denken vermag, d.i. der orthodoxe Bürger.

Die *Erziehung* durch den sozialen Raum endet übrigens niemals. Weit mehr als institutionelle Erziehung ist sie ein allgegenwärtiger Tonus, der sämtliche Daseinsäußerungen prägt. Die erteilten Lektionen werden ständig aufgefrischt und vertieft. Zeit ihres Lebens werden die Bewohner eines sozialen Raums mehr oder weniger aggressiv indoktriniert. Ob dies in der mittelalterlichen Kirche in Gestalt einer Predigt oder über ein massenmediales Bombardement wie in unseren Tagen geschieht, spielt wiederum keine Rolle.

Die scheinbaren Widersprüche einzelner Lehren sind immer nur oberflächlich. Wir haben es mit verschiedenen Manifestationen der gleichen dogmatischen Ursubstanz zu tun. Ein Beispiel: Aristoteles nennt drei gute Herrschaftsformen für die Polis: Monarchie, Aristokratie und Politie. Monarchie bezeichnet die Herrschaft eines guten und wohlgesinnten Königs. Aristokratie ist die Herrschaft der moralisch Besten eines Gemeinwesens. In einer Politie entscheidet die verantwortungsvolle Bürgerschaft über das Schicksal ihres Staates. Aristoteles stellt diesen Idealen Entartungen gegenüber: Tyrannis, Oligarchie und Demokratie. Tyrannis ist die Gewaltherrschaft einer nicht am Wohle des Staates interessierten Einzelperson. Oligarchie ist die Herrschaft der Wenigen, die gleichfalls nicht am Wohle des Staates interessiert sind, sondern egoistische Ziele verfolgen. Die Demokratie ist die Herrschaft des ungebildeten und ganz seinen Emotionen und Neigungen verfallenen, wankelmütigen Pöbels. Auf den ersten Blick scheint es, dass die drei Herrschaftsklassen sich voneinander unterscheiden und darüber hinaus noch in eine förderliche und schädliche Form teilbar sind. In Wahrheit liegt ihnen allen jedoch die gleiche dogmatische Vorstellung zugrunde, dass ein Gemeinwesen immer über irgendeine Art von institutionalisierter Macht zu regulieren ist. Dieses Dogma sitzt so tief, dass eine Gesellschaftsform ohne formelles Regime für die allermeisten Menschen nicht einmal denkbar ist. Dies, obwohl doch seit Menschengedenken Kleinstgruppen (Familien) zumeist ohne formelle Führung existieren und auch Beispiele zuhauf bekannt sind, wo, etwa nach dem Kollaps eines sozialen Raums, die quasi in Freiheit gesetzten Individuen, ihren friedvollen Umgang miteinander fortsetzen, bis ein neues soziales Gefüge sich etabliert.

Die Zwangsmittel der Indoktrination sind Strafe und Belohnung. Abweichendes Verhalten wird sanktioniert. Das heißt nicht unbedingt, dass der Staat mittels seiner Institutionen eingreift – in den meisten Fällen liegt es weder in seinem Interesse, noch verfügt er über die Mittel, das Verhalten seiner Bevölkerung bis ins Letzte hinein zu kontrollieren. Ein gewisses Gran von Flexibilität muss zugelassen, Leer- und Spielräume zugestanden werden, aus denen heraus notwendige Veränderungen ins Werk gesetzt werden können. Die gängigste Sanktionierung von Fehlverhalten oder schlechter Gesinnung ist das negative Werturteil der Mitbewohner des sozialen Hauses, die gesellschaftliche Ächtung. Da der Mensch als soziales Lebewesen auf das Wohlwollen seiner Mitmenschen angewiesen ist, wiegt deren Zustimmung zum eigenen Lebenswandel so schwer, dass sie das Verhalten mehr als Polizei und Gesetz zu beeinflussen vermag. In einer westlichen Gesellschaft wird niemand direkt dafür bestraft, ein besonders unangemessenes (jedoch nicht anstößiges oder ungepflegtes) Outfit zu tragen. Dennoch werden Gelächter und Gespött ihm folgen und er wird u. U. Schwierigkeiten haben, gewisse soziale Kontakte zu knüpfen. Die Chancen beispielsweise bei einem

Vorstellungsgespräch den potentiellen Arbeitgeber von der eigenen Seriosität und Ernsthaftigkeit zu überzeugen, nehmen drastisch ab – das ist die informelle Strafe für Nonkonformität.

Auf der anderen Seite wird angepasstes, orthodoxes Verhalten und Denken positiv gefördert. Orthodoxe Personen werden mit Titeln und Ehrenbezeichnungen überhäuft, sie werden als Vorbild präsentiert und als moralische Autorität anerkannt. Diese Anerkennung kann wie bei den Sanktionen formell über die Institutionen des sozialen Raums selbst erfolgen oder informell über Verhalten und Urteil der Mitbewohner.

Die Waage, auf der das Verhalten der Mitmenschen gewogen wird, ist die dogmatisch geeichte und durch Indoktrination und Propaganda erlernte und affirmierte Wirklichkeitskonzeption des sozialen Raums.

3. Der soziale Raum erzeugt und befriedigt höhere Bedürfnisse, bzw. er befriedigt Grundbedürfnisse in verfeinerter Weise. Er ist der Garten, in dem der Mensch zum Kulturwesen heranreifen kann, das ein *höheres Lebensgefühl* empfindet, welches das rein tierische, auf Überleben und Reproduktion fokussierte Dasein transzendiert. Im sozialen Raum wird das Körperwesen zum Bürger, der Einzelne zum sozialen Partikel. Hervorbringung und Genuss von Kultur als Ästhetik, Praxis und Ethos sind die zentralen Aufgaben und gleichsam der Lohn des Daseins in einem artifiziellen Habitat höherer Ordnung. Alles menschliche Streben zielt im Letzten darauf ab, Kultur zu schaffen. Darum ist der Mensch auch nie mit dem reinen Überleben zufrieden wie ein Tier. Gerade, wenn seine Grundbedürfnisse befriedigt sind, beginnt er seinen Energieüberschuss auf die Erschaffung von Kultur zu lenken – ein Prozess, bei dem ganz notwendig der soziale Raum mitentsteht. Dieser stellt auf der anderen Seite die Möglichkeiten für die Entwicklung und Vertiefung von Kultur bereit, gleichwie diese ihn entwickelt und vertieft. Indoktrination ist das Mittel der Wahl, einen sozialen Raum zu konstituieren und zu verfestigen – wir haben nicht vergessen, dass eine

Gesellschaft, eine Nation, eine Religion, ein Kulturkreis usf. nur in der Vorstellung der jeweiligen Mitglieder existiert, also nur für diese *wirklich* und *bedeutsam* ist. Wie leicht konnten die christlichen Missionare der späten Antike heidnische Heiligtümer verwüsten, mussten sie doch die Rache der entehrten Gottheiten nicht fürchten, da sie in ihrer Wirklichkeitskonzeption gar nicht existierten!

Uns begegnet nun ein sonderbares Paradox, was das Verhältnis der Grundbedürfnisse zu jenen der dritten Klasse angeht. Die Kompromittierung der Grundbedürfnisse überschreibt (wir könnten auch sagen: überschreit) die dritte Klasse. Mit Brechts Worten: Erst kommt das Fressen, dann kommt die Moral. Diese Überschreibung ist aber keineswegs absolut. Es ist durchaus möglich, Menschen dahingehend zu indoktrinieren, dass sie gegen ihre Grundbedürfnisse und Lebensinteressen handeln. Der frühchristliche Märtyrer, der indische Asket, das Heiratsverbot für die katholische Priesterschaft, Soldaten, die gegen einen übermächtigen Feind ins Feld ziehen, oder die Selbstmordattentäter unserer Tage – all dies sind Beispiele für den Triumph der dritten Bedürfnisklasse über die ersten beiden. Anders ausgedrückt: Um Willen eines höheren, abstrakten Zieles sind Individuen, ja ganze Gruppen bereit, ihre Existenz, ihr Leben und Wohlleben, zu opfern. Sie tun das nie zufällig, einem bestimmten Gefühl folgend, sondern planvoll und mit fatalistischer Entschlossenheit. Sie sind indoktriniert. Das Man hat von ihnen derart Besitz ergriffen, dass sie dem Wahn verfallen, ein abstraktes Gut stehe über ihren individuellen Lebensinteressen, bzw. es sei mit jenen identisch oder sie würden durch es sinnreich ersetzt werden. Man muss von einem Wahn sprechen, denn für das Individuum kann gar nichts wichtiger sein, als sein körperliches Leben und dessen Weitergabe in Gestalt von Nachkommen. Freilich, kann nun eingewendet werden, dass nur einige wenige Personen ihr eigenes Daseins derart zu verstümmeln bereit sind. Man könnte einwenden, dass es immer nur einige wenige Extremisten, Fundamentalisten und Irre gäbe. Man könnte darauf hinweisen, dass es sich um Einzelfälle handle, um Ausnahmen von der Regel. Die Wahrheit ist jedoch, dass diese Gruppe weit größer ist, als gemeinhin angenommen wird, wenn auch die Radikalität der Selbstverstümmlung nicht bis zur unmittelbaren physischen Vernichtung führen muss. Es können ganze Bevölkerungen betroffen sein. Wir werden später, wenn wir die konkreten Ursachen analysieren, die zum unvermeidlichen Untergang eines sozialen Raums führen, diesen Zusammenhang näher beleuchten. Vorab sei nur soviel gesagt: Zu einem bestimmten Zeitpunkt in der Entwicklung eines sozialen Raums gibt es einen Bruch, bei dem die Bedürfnisse der dritten Klasse in ein Konkurrenzverhältnis zu den Grundbedürfnissen treten und jene zu überschreiben beginnen. Je weiter sich der soziale Raum von diesem Zeitpunkt an entwickelt, desto weitere Teile seiner Bevölkerung fallen einer Indoktrination zum Opfer, die sie ihre Grundbedürfnisse aufgeben lässt. Der eintretende Schmerz (denn immer indiziert Schmerz, physischer oder psychischer Art eine Verletzung der Grundbedürfnisse) wird durch die Erzeugnisse des sozialen Raums (Güter dritter Art) betäubt. So stirbt ein sozialer Raum. Selbstmorde, Rückgang der Geburtenrate, sinnloser Konsumismus, schwindende körperliche und geistige Gesundheit, (freiwillige) körperliche Entstellungen, epidemisches Auftreten psychischer Aberrationen, massenhafte Verblödung, Verlust von Traditionen, primitiver Hedonismus, primitiver Materialismus usf. sind nur einige Begleiterscheinungen seines Niedergangs.

20

Propaganda: Selbsterhaltungstrieb des sozialen Raums

Propaganda bezeichnet die Sprechweise des Man. Diese ist gerichtet und prätentiös. In allem, was das Man kommuniziert, wird das Dogma des artifiziellen Raums zum Ausdruck gebracht. Sämtliche Äußerungen des Man sind Propaganda des sozialen Raums gegenüber seinen Bewohnern mit dem Ziel, innere Zustimmung, d.h. dogmatische Orthodoxie, zu erzeugen.

Auf die Zukunft ausgerichtet, ist soziale Propaganda immer Heilsprophetie. Die Vergangenheit wird unter dem Zeichen des propagandistischen Vorbehalts umgedeutet.

Das Gegenteil der Propaganda in Form und Inhalt ist die (Unheils – oder echte) Prophetie. Sie erschüttert den artifiziellen Raum und hinterfragt das in ihm anwesende Dogma. Die Prophetie wird uns später beschäftigen. Betrachten wir zunächst das propagandistische Geschichtsbild, da an ihm die wirklichkeitsgebärende und -gestaltende Potenz des dogmatischen Deutungsvorbehalts sichtbar wird.

21
Geschichtsschreibung als Selbstdarstellung des sozialen Raums: Fortschritt, Entwicklung, Unterschied

Ich will im Folgenden keinesfalls eine detaillierte Analyse historischer Zustände oder Prozesse geben. Ganze Bibliotheken sind angefüllt mit Werken, die sich etwa mit dem Aufstieg und dem Fall des Römerreichs oder der lateinamerikanischen Indianerzivilisationen beschäftigen. Gründe und Zusammenhänge für Erfolg und Scheitern werden gesucht und stets auch vom eifrigen Historiker gefunden, bzw. konstruiert. Geschichte ist Interpretation, Erzählung, Narrativ. Sie kann und soll nie mehr als das sein. Sie beansprucht nicht, unumstößliche Wahrheiten aufzuzeigen. Wo dieser Anspruch dennoch besteht, ist er eingebettet in die Ideologie des sozialen Raums, wo er einen zentralen Gegenstand seiner Propaganda darstellt. Geschichtsschreibung ist Interpretation vergangener Epochen auf Basis des jetzt herrschenden Dogmas. Ihre Kernbegriffe sind: *Fortschritt, Entwicklung* und *Unterschied.*

Innerhalb eines sozialen Raums ist „Geschichte" die Wissenschaft von der historischen Plausibilität und Notwendigkeit der je gelebten, gegenwärtigen Alltäglichkeit im Spiegel ihres historischen Werdens. Sie findet und erzeugt die *Gewissheit,* dass alles, *was* heute ist, mit gutem *Grund* ist, *wie* es ist. Die Gegenwart erscheint daher stets als Spitze einer Entwicklung, die von einigen Rückschlägen und Abstrichen abgesehen, positiv konnotiert ist: Ein Aufstieg aus den unteren in die höheren Gefilde der Zivilisation. Die Zauberworte kommensurabler Interpretation historischer Gegebenheiten heißen daher: Fortschritt, Entwicklung und Unterschied – eine dogmatische Trias, die allein im Glauben an den gegenwärtigen sozialen Raum fußt.

Fortschritt bedeutet, dass die Geschichte unserer Spezies im Allgemeinen und jeder Gruppierung (Stamm, Nation usf.) im Besonderen einen permanenten und nur stellenweise unterbrochenen Aufstieg von „schlechter" nach „besser" darstellt. Wir werden in allem besser, d.h. wir kumulieren Fähigkeiten, Kompetenzen, Wissen, lernen in immer weitreichenderem Maße, unsere Umwelt und unsere Existenz zu beherrschen. Wer sich an Hegels Weltgeist – oder sollten wir sagen: -gespenst? – erinnert fühlt, liegt goldrichtig. Und wer würde ernsthaft der Behauptung widersprechen, unsere Gegenwart wäre fortgeschrittener, fortschrittlicher als die 70er Jahre oder das Mittelalter mit seinen Rittern und Burgfräulein?

Freilich haftet dem Fortschrittsglauben ein schaler Geschmack an. Nicht alles, was „besser" ist, ist auch „gut". Atomwaffen oder biologische Kampfstoffe sind zwar technologisch fortschrittlicher als Keule und Schleuder, vergrößert worden ist hier aber nur der Grad an potentieller Zerstörung.

Etwas scheint nun nicht ganz richtig mit dem Glauben an den Fortschritt. Die Frage, die sich nun berechtigterweise aufdrängt und die zu stellen nicht verboten sein darf, lautet: Welcher Art ist Fortschritt eigentlich? Welches Feld trifft er? Schreitet die Gesellschaft als Ganzes voran oder nur einzelne Teile? Und weiter: Gibt es auch Rückschritte, Rückentwicklungen, ja Degeneration?

Versuchen wir eine Deutung aus der Perspektive unserer westlichen Zivilisation. Unter Fortschritt versteht man in den vernunftverliebten Landschaften unserer Geisteswelt vornehmlich <u>technologischen</u> Fortschritt. Dieser trifft allein die *Praxis* des sozialen Raums. Und tatsächlich verfügen wir heute über bessere Maschinen,

Werkzeuge, Arbeitsprozesse, Waffen usf. als noch vor einigen Jahren. Besser bedeutet in der Praxis: Effizienter und/oder wirtschaftlicher. Eine bessere Waffe ist eine, die effizienter tötet, billiger tötet, die billiger herzustellen ist usf.

Wie sieht es mit dem ästhetischen, wie mit dem ethischen Bereich aus? Gibt es auch hier Fortschritte über Fortschritte? Nun, über Geschmack lässt sich streiten. Vergleicht man aber die Erzeugnisse der Malerei und Literatur des 19. und frühen 20. Jahrhunderts mit denen heutiger Tage, muss man zugeben, dass zumindest die handwerkliche Qualität rückläufig ist. Niemand wird ernsthaft Woolf mit Rowling oder King mit Poe vergleichen wollen. In der Malerei und klassischen Musik ist der qualitative Niedergang noch dramatischer und gemeinhin unbestritten. Der Abfall an Können *kann* zwar mit dem veränderten Interessen und Kompetenzen des Publikums erklärt werden, kann… muss aber nicht. Ein verstorbener, sehr bekannter Kritiker schöner (oder unschöner) Worte prägte das schöne (oder unschöne) Wort: Die meisten Autoren der Gegenwart scheitern an Form und Thema ihrer Texte. Einen Seitenhieb oder -blick auf den Ethos sparen wir an dieser Stelle, wird er uns doch später, wenn wir den Ist-Zustand unserer Welt untersuchen, ausgiebig beschäftigen.

Die Idee, das jeder Fortschritt grundsätzlich etwas Gutes, Wünschenswertes darstellt, ist ein Glaubensinhalt des sozialen Raums, eine interpretative und imperative Voraussetzung, die den gegenwärtigen Status quo rechtfertigen soll. Dieses Axiom zeigt sein wahres Gesicht, wenn man es auf den Kopf stellt und kräftig schüttelt: Alles, was dem sozialen Raum wünschenswert erscheint, ist auch „fortschrittlich“ und darin eine Notwendigkeit, etwas Unabdingbares, Unvermeidliches, Alternativloses. *Man* muss eben mit der Zeit gehen, heißt es. Geht man nicht mit der Zeit, wird man obsolet, ein Fortschrittsverlierer, ein Artefakt, ein Anachronismus. Don´t be on the wrong side of history: Man soll nicht auf der falschen Seite der Geschichte stehen...als ob es darum ginge, Seiten zu wählen.

Das Wort *Entwicklung* oder Weiterentwicklung dient primär als Sedativum, mit dem wir vor dem Erleben und Wahrnehmen schrecklicher Gewissheiten geschützt werden sollen: Menschen sterben, Zivilisationen und ihre Bevölkerungen gehen unter; und diese Untergänge sind meist wenig erfreulich für die Betroffenen. Mag sich der je empfundene Schmerz auch nur wie ein kleines, melancholisches Stechen anfühlen, mag ein Untergang sich über mehrere Generationen erstrecken – seine Folgen für die vom Sog des Niedergangs erfassten Individuen sind immer katastrophal. Dieser Wahrnehmung, bzw. dem Bewusstwerden dieser Wahrnehmung wirkt das Wort „Entwicklung" entgegen – rauchende Ruinen kann man eben nicht als Fortschritt verkaufen.

In einem geschichtlich-verklärenden Kontext suggeriert der Terminus „Entwicklung", dass soziale Räume eigentlich nie untergehen, sondern sich lediglich verändern, sich eben weiter-entwickeln. Anstelle von Anfang und Ende, Geburt und Tod spricht man von Metamorphosen, Übergängen usf. Das ist leichter verträglich. Die Raupe wird zum Schmetterling, die Schlange streift die alte Haut ab... Das römische Reich *verwandelte* sich in die Europäischen Nationen. Richtiger wäre wohl die Formulierung, die Epigonen füllten das Vakuum, das der Tod des Vorgängers hinterlassen hat, ein Tod, an dem die Nachgeborenen weder unbeteiligt noch schuldlos waren.

Freilich gibt es Entwicklungen, Wachstums- und Werdensprozesse. Doch diese ereignen sich stets und ausschließlich an einzelnen Entitäten und innerhalb ihres spezifischen Lebenszyklus gemäß ihrer Potenz, d.h. ihrer Möglichkeit etwas zu werden. Same und Eizelle entwickeln sich zum Embryo, dieser zum Fötus, dieser zum Säugling, zum Kleinkind usf. Das Werk eines Künstlers entwickelt sich, es reift. Ein Gebäude wächst in Abschnitten. Technologien entwickeln sich, schreiten fort. Außerdem kann sich beispielsweise aus einem Pflanzensamen nur die entsprechende Pflanze entwickeln.

Dagegen wäre es absurd zu sagen, das Kind ist die

Weiterentwicklung seiner Eltern, Bach die Weiterentwicklung von Buxtehude, ein Neubau, die Weiterentwicklung eines abgerissenen Bestandsgebäudes oder das Telefon die Weiterentwicklung der Telegraphie. Es mag eine Verwandtschaft, sogar eine innere Beziehung zwischen Vorläufer und Nachfolger existieren – von einer Entwicklung kann aber keinesfalls die Rede sein, wenn etwas vernichtet wird und an seiner Stelle etwas Neues entsteht.

Unterscheidung ist die letzte interpretative Kategorie, die wird behandeln müssen. Uns wird gelehrt, wir seien „anders" als unsere Ahnen. Wir unterscheiden uns. Je weiter wir in der Zeit zurückgehen, desto größer wird auch der je festgestellte und/oder propagierte Unterschied. Dieser ist nie wertfrei. Kongruent mit den Kategorien von Fortschritt und Entwicklung muss das Vergangene im Vergleich mit dem Gegenwärtigen immer unterliegen. Die Abwertung ist dabei nur selten aggressiv oder abwertend. Wir sprechen nicht gerne von unseren *primitiven, barbarischen* Vorfahren, sondern eher mitleidig von Opfern und Gefangenen der Umstände *ihrer* Zeit, die man heute, dem Himmel sei Dank, überwunden hat. Nicht nur unsere Gesellschaft, ihre Einrichtungen und Praxis sind entwickelter, fortgeschrittener als ehedem. Nein, der Mensch an sich, die Menschheit hat sich weiterentwickelt. Dabei hat sich der Mensch als Körperwesen in jenen paar tausend Jahren, die von den ersten höheren Kulturen bis heute vergangen sind, keineswegs verändert. Das gleiche Sensorium, die gleichen gedanklichen Kapazitäten, die gleiche Körperlichkeit. Lediglich die Umstände der jeweiligen Alltäglichkeit haben sich verändert – aber das taten sie schon immer und tun es noch. Der Mensch ist heute nicht klüger, noch weiser. Sein Lebensgefühl ist nicht tiefer – das Gegenteil trifft zumindest im Falle des Westens zu. Er verfügt nicht über „bessere" Werkzeuge, sondern über „andere". Er kann auch nichts Besseres erschaffen, sondern er erschafft anderes. Er besitzt auch nicht *mehr* oder *besseres* Wissen, sondern *anderes*. Wir sprechen bestenfalls von Quantität, nicht Qualität.

Bevor der fortschrittsgläubige Leser dieses Buch mit gerechtem und sehr nachvollziehbarem Zorn an die Wand wirft, mag er zuvor einige knappe Erklärungen zu dieser scheinbaren Blasphemie zulassen – es ist das Recht des Angeklagten sich zu verteidigen, so wie es das Recht des Anklägers ist, das Fehlverhalten des Delinquenten bloßzustellen. Dass ein Handkeil objektiv weniger bewirken kann als ein Dampfhammer oder eine Industriepresse kann nicht geleugnet werden. Allerdings muss das Werkzeug im Zusammenhang mit den Erfordernissen jenes sozialen Raums betrachtet werden, in welchem es zum Einsatz kommt. Für den antiken Baumeister ist die Industriepresse ebenso überflüssig, wie der Handkeil in einer modernen Fabrik.

Wenn wir sagen, Fortschritt, Entwicklung und Unterschied in der Geschichtsbetrachtung seien interpretative Kategorien des sozialen Raums, die die Plausibilität seiner Existenz für seine Bewohner affirmieren soll, meinen wir nicht, dass es per se keinen Fortschritt usf. gäbe. Es gibt Fortschritte, kleine, große und vielleicht auch derart bedeutende, dass sie irreversibel sind, d.h. einen echten Fortschritt der gesamten Spezies darstellen, wie etwa die Entwicklung einer Schriftsprache oder bestimmter Werkzeuge oder Vorstellungen. Vielleicht sind diese Fortschritte aber auch dem Menschen natürlich, d.h. sie sind keine wirklichen Fortschritte im Sinne von Entdeckungen, sondern nur Verwirklichungen von in ihm angelegten Fähigkeiten. Vielleicht entwickelt der Mensch Schriftsprache, wie eine Spinne ihr Netz baut. Vielleicht gründet er soziale Räume wie Ameisen sich in Staaten organisieren.

Gegen das Geschichtsbild des sozialen Raums ist Verschiedenes einzuwenden. Zum einen hat sich das eigentliche Objekt und der Träger der Historie, der Mensch, seit Jahrtausenden nicht verändert – wir sagten es bereits. Die gleiche Körperlichkeit bedingt das gleiche Wahrnehmungspotential, welches das gleiche Bewusstheitspotential bedingt. Die Lebensumstände haben sich verändert, sicher. Die sozialen Gefüge und ihre jeweiligen Dogmen veränderten sich. Der Ethos des alten Ägypten ist mit unserem nicht vergleichbar, ebenso die Ästhetik der Inka, die Praxis der Han-Dynastie. Doch das soziale Sein bedingt lediglich den geistigen Inhalt der Existenz eines Habitat-Bewohners, nicht das urtümliche Empfinden des Menschen als natürliches Lebewesen. Das Bewusstsein unserer Vorfahren, ihre Wahrnehmung des eigenen Daseins, war nicht „leerer" oder „unvollkommener", nur weil sie nicht über bestimmte Informationen, Vorstellungen, Praktiken verfügten. Sie besaßen, dachten, fühlten A*nderes oder das Gleiche in anderer Gestalt.* Anstelle einer mechanischen *glaubten* sie an eine mythisch-theologische Kosmologie. Statt Ratio und Effizienzerwägungen prägten Ehre und Frömmigkeit ihr Handeln. Der Mensch als Lebewesen ist seit Generationen unverändert, die Dogmen seiner sozialen Räume aber ändern sich beständig und mit ihnen die dogmatischen Inkarnationen von Praxis, Ästhetik und Ethos. Eine wahre Geschichte der Menschheit hätte mehr mit Anatomie, Fortpflanzung und Ernährung zu tun als mit Jahresdaten, Architekturen und den Namen längst verstorbener Potentaten – man denke nur an Shelley´s Ozymanidas. Das Geschichtsbild des sozialen Raums fasst ihn selbst als handelndes und leidendes Subjekt. Ihm werden Lebens- und Überlebensinteressen unterstellt, die wir nur von Individuen kennen. Erzählt wird die Geschichte Deutschlands, Europas, Roms, der katholischen Kirche, der Hugenotten, der Pilger- und Wüstenväter usf. Dabei sind all diese sozialen Gefüge reine Abstrakta, Vorstellungen ihrer Bewohner und darin im letzten substanzlose Schemen und Gespenster.

Das bringt uns zum zweiten Einwand. Unsere Geschichtsvorstellung, unser Blick auf die Vergangenheit, folgt stets dem Narrativ des sozialen Raums, in welchem wir existieren. Selbst scheinbar widersprüchliche Interpretationen tragen in sich immer einen identischen dogmatischen Nukleus – tun sie dies nicht, werden sie vom elitären Kreis der Herrschaftswissenschaft nicht ernst genommen, bekämpft, unterdrückt oder sogar verboten. Es kann nicht sein, was nicht sein darf. Ein geflügeltes Wort kommt in diesem Zusammenhang in den Sinn: Geschichte wird von Siegern geschrieben. Diese Sieger sind die überlebenden sozialen Räume, Überlebende jener Zusammenstöße und Konfrontationen, in deren Folge Imperien geboren werden oder in Feuer und Rauch untergehen. Das Narrativ des Siegers rechtfertigt ihn vor der eigenen Geschichte und durch sie. Sein Triumph gibt ihm Recht. Ein anderer Vergleich passt an diese Stelle. Wieder rekurriere ich auf Orwells 1984. Winston, der Anti-Held des Romans, arbeitet für das herrschende Regime in einer Abteilung, die für Geschichtskorrektur zuständig ist. Er korrigiert Artikel archivierter Zeitungsausgaben, um Widersprüche zwischen vergangenen Äußerungen des Regimes und aktuellen politischen Entscheiden aufzuheben. Ziel ist eine geschichtliche Konstruktion, die hundertprozentig die Gegebenheiten der Gegenwart abbildet und so plausibilisiert. Orwell treibt freilich literarisch auf die Spitze, was uns in abgemilderter Form durchaus schon vertraut ist: Man denke nur an die sozialistische Geschichtsschreibung, die überall und unentwegt Kapitalverhältnisse und Klassenkämpfe sieht, oder an die nationalistische, die plötzlich unter vielen verschiedenen Völkerschaften, Stämmen, Staaten usf. eine einzige Nation, einen gemeinsamen Kulturkreis entdeckt, den zu vereinen eine ehrenwerte und notwendige Aufgabe darstellt...auf dass zusammenwachse, was zusammengehört, bis das der Tod euch scheide. Separatistische Gruppierungen betonen dagegen, wir wissen es, die unüberbrückbaren Differenzen zwischen ihnen und dem sie überformenden sozialen Gefüge – jedem nach seinem Gefallen. Nochmal: Das Geschichtsbild eines sozialen Raums hat den einzigen Zweck ihn in den Augen seiner Bewohner zu rechtfertigen, zu plausibilisieren und dadurch zu stabilisieren. Er sucht eine gedankliche Konstante, eine alternativlose Wirklichkeit in der Vorstellung seiner Bewohner zu werden, ein unsichtbarer, körperloser Gott, dessen Symbole doch den öffentlichen Raum sicht- und fassbar beherrschen und dessen Lob und Lehren aus den Mündern seiner unzähligen Priester und Gläubigen ruft.

Der letzte Einwand ist allgemeinerer Natur. „Quod est veritas – Was ist Wahrheit?" fragt Pilatus den Delinquenten, der von sich behauptet, ihr Zeuge zu sein. Ich will diesem Thema keine zu große Aufmerksamkeit schenken. Ein kleiner Hinweis wird an dieser Stelle genügen. Was ist Wahrheit, was ist „historische" Wahrheit? Wir können eine Antwort darauf geben: Nicht was Wahrheit ist, ist von Bedeutung, sondern wie wir sie konstruieren.

Die westliche Welt ist vernunftgeprägt. Dieses hellenistische Erbe verknüpft Wahrheit, genauer: wahre Aussagen mit der korrekten Anwendung von Regeln der Logik. Man denke nur an die Frage-und-Antwort-Spiele des Sokrates oder an die Werke des Aristoteles. Doch Logik allein genügt nicht. Um Wahrheit zu konstruieren, muss der *empirische* Vorbehalt der Moderne – eine genuin westliche Erfindung aus Zeiten der Aufklärung – mitberücksichtigt werden: Wahr ist nicht nur, was widerspruchsfrei und folgerichtig ausgesagt werden kann, sondern was messbar ist, was in der Umwelt einen erfahrbaren Widerhall produziert. Logik und Empirie sind Erkenntnismethoden, die vielfach angreifbar sind und vielfach angegriffen wurden. Es sind tönerne Füße, auf denen das wissenschaftlich-rationale Weltbild steht, so vehement es auch von seinen Gläubigen gegen alle Anfechtungen verteidigt wird. Kant und Schopenhauer haben entsprechende Kritiken formuliert, ebenso Heidegger, Sartre u.v.a.

Der menschliche Verstand, um es herunterzubrechen, ist gefangen in einem Ursache-Wirkungs-Schema. Dieses Schema stellt seine primäre Funktionsweise dar. Sobald man „vernünftig" denkt, ordnet man die Tatsachen in einer Matrix aus sich wechselseitig bedingenden Beziehungen ein. Dieses Einordnen ist zwanghaft, die Matrix eine reine Konstruktion, vergleichbar mit den willkürlich gewählten Maßstäben eines Koordinatensystems. Die meisten Handlungen entspringen keineswegs vernünftiger Planung, sondern folgen dem Habitus und darin einer Neigung, einer situationsabhängigen Empfindung usf. Erst im Nachhinein wird auf Anfrage eine Rechtfertigung er-funden, der Wirkung eine erklärende Ursache beigesellt. Warum hat man sich am Morgen die Zähne geputzt? Zwecks Zahnhygiene wird man antworten, wobei während des Vorgangs selbst keinerlei Gedanke an Karies und Baktus verschwendet wurde. Man macht das eben so... Das gleiche Schema wird auf die Interpretation historischer Gegebenheiten angewendet. Warum kam es zum Ersten Weltkrieg, warum zur französischen Revolution? Man sucht und findet die meist in der Frage bereits implizierten Antworten, man konstruiert Hypothesen, die als hinreichende Ursache angenommen werden können. Diese Hypothesen entstehen freilich innerhalb der Wahrheitssphäre des sozialen Raums. *Dessen* Vorstellungen der Wirklichkeit, werden auf die Vergangenheit übertragen. Und so unterstellen wir unseren Vorfahren bei aller Unterschiedlichkeit doch paradoxerweise stets die gleichen Motive, die uns selbst antreiben – der Untergang des römischen Reiches aufgrund einer Energiekrise, einer Klimaveränderung, eines strukturellen Rassismus usf.

Jedes Ereignis steht in einem unüberschaubar komplexen Geflecht verschiedenster Beziehungen. Die Frage nach Ursache, Ursachenbündel usf. ist demnach obsolet. Sie lehrt nichts über das Geschehene, sondern im Letzten nur über unsere Sicht darauf. Selbst die Abgrenzung historischer Perioden ist im Letzten völlig willkürlich. Wann hat das Mittelalter begonnen, wann hat es aufgehört? Verschiedene Zeiten, Personen und soziale Räume geben verschiedene Antworten darauf. Aber was ist das Mittelalter überhaupt? Warum haben wir diese Epoche eingeführt? Warum teilen wir Zeit überhaupt in Epochen ein, die Stadien unserer Entwicklung, unseres Fortschritts und der Unterschiede zwischen Damals und Heute widerspiegeln? Nun, weil unser Verstand uns zwingt, um die Fülle der zu verarbeitenden Informationen, zu bewältigen, größere Einheiten in kleinere zu zerlegen. Mit der Zunahme an Sachwissen und gesteigertem Tempo technologischer Fortschritte wächst auch die Zahl der Epochen. Antike, Mittelalter Moderne umfassen einen Zeitraum von über

3000 Jahren. Moderne, Postmoderne, Computerzeitalter, Internetzeitalter dagegen haben sich in kaum 200 Jahren ereignet. Die Häufung von Epochenbegriffen hat mit dem je angelegten Maßstab der westlichen Zivilisation zu tun: Es ist wieder die Praxis unseres sozialen Raums, seine Technologie, die zum Indikator geschichtlicher Entwicklung stilisiert wird, während andere Aspekte ausgeklammert werden. Die westliche Zivilisation betont die technologische Praxis über alle anderen Bereiche. So ist es nur verständlich, dass jene als Maßstab der Geschichte dient.

So willkürlich wie die Epochen werden auch signifikante historische Ereignisse bzw. Prozesse definiert. Jede Handlung, gleich wie spontan und impulsiv sie auch ausgeführt wurde, kann im Nachhinein in eine Matrix aus sich bedingenden Zusammenhängen hineingestellt werden, sodass man stets „vernünftige Motive" findet, meint: dogmatisch kommensurable, orthodoxe Ursachen. Desgleichen geschieht bei der Definition historischer Gegebenheiten. Man greift einen besonders signifikanten Punkt aus vielen anderen heraus und bezeichnet diesen als Beginn, als Wendepunkt, als Klimax usf. Die Französische Revolution beginnt mit dem Sturm auf die Bastille. Warum beginnt sie nicht nicht der Zusammenrottung der Bürger? Warum nicht mit der Steigerung der Brotpreise? Warum nicht mit der Missernte jenes Jahres? Warum nicht mit dem raschen Bevölkerungswachstum der Vorjahre?

Fassen wir zusammen: Innerhalb eines sozialen Raums erfüllt Geschichte den Zweck, die Plausibilität und Alternativlosigkeit der gegenwärtigen Alltäglichkeit zu rechtfertigen. Dementsprechend wird die Vergangenheit immer gemäß des je zugrundeliegenden Dogmas des sozialen Raums interpretiert. Die drei Kategorien dieser Interpretation lauten: Fortschritt, Entwicklung und Unterschied. Geschichte ist stets Konstruktion und Interpretation bestimmter, willkürlich abgegrenzter Ereignisse und Erfahrungen im Einklang mit dem je herrschenden Dogma.

Wir haben uns nicht ohne Grund recht ausführlich mit dem Thema der Geschichtskonzeption und -konstruktion beschäftigt. Die vorgebrachte Kritik steht dabei im Hintergrund. Uns ist nicht daran gelegen, eine andere Interpretation von Geschichte zu liefern, noch eine Methode dafür bereit zu stellen. Andere Denker haben dies bereits in hervorragender Weise getan – dass ihnen nicht gefolgt wird, ist dem Bedürfnis des sozialen Raums geschuldet, die Ausdeutung seiner eigenen Vergangenheit zu dominieren. Er wird davon nie ablassen, ist dazu verdammt, die eigene Geschichte in genannter Verzerrung erblicken zu müssen und daher nie aus ihr lernen zu können.

Was uns an dieser Stelle vielmehr interessiert, ist die Möglichkeit der Dechiffrierung des sozialen Dogmas mittels Rückführung seiner alltäglichen Paradigmen auf den je zugrundeliegenden Deutungsauftrag. Die Interpretation von Geschichte ist dabei nur eines von vielen möglichen Feldern, allerdings eines, das besonders deutlich die Zeichen seiner Genese auf der Haut trägt. Außerdem liegen uns, wohl dokumentiert und archiviert, die historischen Deutungssünden untergegangener sozialer Räume in großer Menge vor. In jedem besseren Antiquariat mit philosophischer Abteilung finden sich beispielsweise entsprechende Schriften, in denen z.B. die materialistische Geschichtsauffassung der sozialistischen Ideologie zur Anwendung gebracht werden. Die Vergangenheit als Wirken göttlicher Kräfte. Die Vergangenheit als Klassenkampf. Die Vergangenheit als sozialdarwinistisches Ringen von Rassen und Völkern. Die Vergangenheit als Treppenaufgang eines rational-wissenschaftliches Weltbilds. Die Vergangenheit als… etwas, dem sich die gegenwärtige Alltäglichkeit wunderbar und plausibel anschmiegt.

„Denn an ihren Früchten werdet ihr sie erkennen", so heißt es im guten Büchlein, das eine erbauliche Nachricht für uns enthalten soll. Die Früchte, die uns zur

Examination vorliegen, sind im Falle des sozialen Raums die allgemeinen Vorstellungen davon, wie geschichtliche und sonstige Ereignisse interpretiert und natürlich auch voneinander abgeschieden werden. In diesen Deutungsprozessen wirkt und manifestiert sich gleichsam das jeweilige soziale Dogma. Es zeigt sich unter der Gestalt der von ihm erzeugten und affirmierten Alltäglichkeit. Das *Man* ist Produkt und Architekt der Alltäglichkeit. Wenn man das Man auf seine Wirkung zurückführt, auf das also, was den sozialen Raum in der Vorstellung seiner Bewohner konstituiert, entdeckt man das jeweilige Dogma als Grundmotiv. Dieses Dogma aufzufinden ist essentiell, um den Untergang eines sozialen Raums verstehen zu können. Denn es ist das Dogma, das Verhalten und Einstellungen der Bewohner derart beeinflusst, dass sie *suizidal* die Grundlagen ihrer Gesellschaft aufzulösen beginnen. Der Gott, der der soziale Raum ist, stirbt durch den Verlust an Leben und Glauben seiner Anhänger. Die Wirkung eines suizidal gewordenen Dogmas ist vergleichbar mit der Störung der Zellteilung in Folge einer unentdeckten Krebserkrankung. Ein Fehlverhalten, das als solches nicht entdeckt wird, führt zur allmählichen inneren Vernichtung des Organismus. Wir werden später, wenn wir nach den konkreten Gründen und Ursachen für den Verfall unserer westlichen Welt fragen, auf diese regressive Methode zurückkommen und sie in ihrer Anwendung weiter vertiefen. Zunächst wollen wir jedoch den typischen Lebenszyklus eines sozialen Systems betrachten.

III. Lebenszyklus des sozialen Raums

Ein Bild sagt mehr als tausend Worte. Was sagt uns dann ein ganzer Bilderzyklus? Thomas Cole hat mit jener fast unbarmherzigen Hellsichtigkeit, die nur den größten Künstlern eignet, die Phasen von Aufstieg und Niedergang eines sozialen Raums geschaut und uns in bildhafter Form hinterlassen – eine Analyse und Prophetie aus Öl und Leinwand. Der Zyklus, von dem ich spreche, heißt: The Course of Empire. Fünf Werke, die den Lebenszyklus eines sozialen Raums... zeigen.

23
The Course of Empire: The Savage State

Die erste Phase nennt er *The Savage State*: Der wilde, urwüchsige Zustand. Doch der Titel täuscht. Nicht, dass Cole ihn schlecht gewählt hätte. Nur auf dem Boden *unserer* Sprache, im engen Horizont *unseres* Begreifens, interpretieren wir Wildheit stets als (schreckliche oder romantische) Abwesenheit von Zivilisation, von Ordnung. Indes The Savage State bereits die aufgegangene Saat derselben in sich enthält. Besser als *wild* passen also die Adjektive einfach oder primitiv.

In Coles Gemälde sehen wir den frühen Zustand einer Zivilisation: Am rechten Bildrand gruppiert sich ein Zeltdorf planvoll um eine riesenhafte Feuerstelle, um die Menschen tanzen. Einige Kanus schwimmen in einem Fluss. Im Vordergrund, mittig, und doch gleichsam vom Hintergrund eines dichten, wilden Urwalds verschlungen, winzig, zwergenhaft, spielt sich eine Jagdszene ab. Die Jäger sind mit Lendenschurz und Fellen bekleidet. Sie tragen Speere, Pfeil und Bogen. Sie stellen Menschen vor, irgendwo zwischen amerikanischem Indianer und urzeitlichem Homo Sapiens.

Ist der soziale Raum über seine Kleinstform, die Familie oder Sippe, hinausgewachsen, beginnt er rasch jene Strukturen zu entwickeln, die ihn bis an sein Ende auszeichnen. Zwischen einem primitiven Stamm und dem römischen Imperium zur Zeit Hadrians gibt es keine wesentlichen Unterschiede. Territoriale Ausdehnung, ästhetische Produktion, ethisches Reglement, Ausgestaltung der alltäglichen Praxis, Grad an Arbeitsteilung, Spezialistentum, Zahl der Bewohner, Tiefe der Ideologie, Propagandawerkzeuge usf. zeigen lediglich verschiedene *Wachstumsstadien* an – dies in etwa so, wie der menschliche Körper wächst und sich im Laufe seines Wachstums verändert, ohne dass diese Veränderungen sein eigentliches Wesen betreffen würden, d.h. er hört nicht auf Mensch zu sein, wenn er aufhört Säugling, Kind oder Mann zu sein.

In der Betrachtung von The Savage State wird uns der soziale Raum am *Beginn seiner Entwicklung* gezeigt. Jedes seiner grundlegenden Merkmale wird dabei isoliert im Zusammenhang mit der archaischen Urgesellschaft aufgewiesen. Das Wirken zivilisatorischer Mechanismen sticht ins Auge und offenbart darin das Skelett, das Grundgerüst eines gesellschaftlichen Systems. Die drei Säulen des sozialen Raums: Ästhetik, Ethos und Praxis werden dezidiert aufgezeigt, wobei die Gewichtung noch stark auf der praktischen Seite liegt. Wir dürfen nicht vergessen, dass der soziale Raum ein Ort der Bedürfniserfüllung ist. In The Savage State stehen die Grundbedürfnisse der ersten beiden Klassen eindeutig im Vordergrund. Die in Gruppen organisierte Jagd, die Herstellung von Kleidung, Werkzeug, Waffen und Booten weisen eine Praxis aus, die das reine Überleben der Bewohner des sozialen Raums (erste Bedürfnisklasse) in den Fokus stellt. Der Tanz um das Feuer und die planvolle Anordnung der Zelte weisen die Existenz eines wirksamen Ethos aus. Das Verhältnis der Gesellschafter zueinander ist bereits semiformell geregelt. Die strukturierende Regel, der herrschende Ethos der primitiven Gesellschaft fußt auf der *Nützlichkeit eines Individuums in Bezug auf Erhaltung und Weitergabe des Lebens*. Es ist nicht die Abstammung von einem bestimmten Geschlecht, noch die Kontrolle über materielles oder ideelles Kapital wie zu späteren Zeiten, das den gesellschaftlichen Rang einer Person determiniert, sondern basale und für das Überleben notwendige Fähigkeiten wie körperliche Kraft, Gesundheit, Schnelligkeit, Geschicklichkeit usf.

Der Ethos der primitiven Gesellschaften wird über den Mythos propagiert. Herausragende Gestalten sind hier die sogenannten Helden – Männer, die über hervorragende Fähigkeiten verfügen. Sie sind gleichsam Rollenmodelle. Ihr Kampf gegen Ungeheuer und ihre Abstammung von, bzw. Freundschaft mit den Göttern macht sie zu Pionieren des sozialen Raums. Kein Stamm, keine Stadt, die nicht einen sagenhaften Helden als Gründer oder Urvater verehrt. Der soziale Raum wird primär als Bollwerk und Gegenentwurf zu einer als feindlich, wild, chaotisch empfundenen Umwelt interpretiert. Man schottet sich ab (ringförmige Anordnung erster Siedlungen), man kreiert einen artifiziellen Raum, der gegen den ungeordneten Naturraum gewissermaßen als dessen artifizieller Gegenentwurf existiert.

Der primitive Ethos ist stets *religiös* überformt, d.h. er bedient sich eines religiösen Jargons, der wiederum Keimzelle und Material einer noch unentwickelten Ästhetik darstellt. Die von ihm emanierenden Gesetze sind meist kasuistisch. Aus den konkreten Fällen einer sehr konkreten Alltäglichkeit werden juristische Grundsätze abgeleitet und innerhalb des Mythos kodifiziert. Rechtsprechung und Maßnahmen zur Einhaltung des primitiven Gesetzes übernimmt die Gruppe zunächst als Ganzes. Ihr Wachstum macht eine spätere Spezialisierung notwendig: Bestimmte Personen werden zu Richtern erklärt. Erst spät, auf der Schwelle zur Zivilisation, bilden sich formale Gerichte mit hauptberuflichen Richtern.

Die Ästhetik ist diejenige Säule eines sozialen Raums, die sich am spätesten entwickelt, dafür aber am längsten fortdauert. Im Gegensatz zu Ethos oder Praxis hat Ästhetik keinen unmittelbaren Nutzen für die Befriedigung von Bedürfnissen der ersten beiden Klassen, noch für den Zusammenhalt sozialer Bedürfnisgemeinschaften. Sie wirkt vor allem im und für den sozialen Raum höherer Ordnung. Sie selbst sowie ihre Erzeugnisse sind Folgen eines überbordenden

Reichtums, eines Energieüberschusses, der durch
erfolgreiche Arbeitsteilung und Organisation entstanden
ist. Am Ende mündet der Überfluss eines sozialen
Raums immer in einem vernichtendem Krieg oder in der
Erschaffung bedeutender, aber „nutzloser" Kunstwerke.
Wehe der Gesellschaft, die keine Tempel, keine
Pyramiden baut!

24
The Course of Empire: The Arcadian or Pastoral State

Das zweite Bild des Zyklus trägt den klingenden
Namen The Arcadian or Pastoral State: Der Arkadische
oder Hirten-Zustand. Wir blicken in eine zahme Umwelt
– zahm, doch noch nicht, oder doch nur unvollkommen
gebändigt. Anstatt Urwald und wüster Jagdszenen sehen
wir einfache Wege, einen Baumstumpf, gemähte Wiesen,
Hirten, spazierende Frauen und einen Denker, der mit
einem Stock in den Sand zeichnet. Im Hintergrund
befindet sich eine Kultstätte, die halb noch an einen
primitiven Steinkreis erinnert, halb bereits eine Vorform
des griechischen Tempels darstellt. An einem Ufer steht
das geschickt gezimmerte Skelett eines Schiffrumpfs.
Auch eine Reiterin ist auf dem Bild zu erkennen, ein
Mann führt das Pferd in höfischer Manier am Zügel. Ein
Soldat mit Helm, Schild und Speer wandert mit ruhigem
Schritt einen Pfad entlang. Angeschmiegt an ein ruhiges
Gewässer sehen wir eine Ortschaft: Feste steinerne
Gebäude verschiedener Größe. Über den Dächern hängt
eine dicke Rauchsäule, die auf eine Schmiede oder etwas
Ähnliches hindeutet.

In vortrefflicher Weise stellt uns Cole mit dem
Arcadian State eine oft ignorierte Phase in der Genese
eines sozialen Raums vor: Es handelt sich um jenen
fragilen Interimszustand zwischen Barbarei und
beginnender Hochkultur. Der Mensch hat die Härten des
Überlebenskampfes erfolgreich überwunden, doch ist
noch frei von den fesselnden, den erdrückenden
Pflichten und Erfordernissen eines höher entwickelten
sozialen Raums. Das Dasein steht ganz im Einklang mit
einer Natur, die noch nichts von ihrem wilden Zauber

verloren hat, und doch auch nicht mehr feindselig, widerspenstig ist. Die Götter, die das All verwalten, haben noch nicht die Welt der Sterblichen verlassen, aber sie drohen auch nicht mehr mit Hunger, Krankheit und Tod. Es sind friedliche, fast zahme Gottheiten geworden, den Menschen befreundet, die ihrerseits im Frieden mit einer Umwelt leben, die ihren Schrecken verloren hat.

The Arcadian State zeichnet sich durch massive Fortschritte im Bereich der Praxis aus. Aus der simplen Aufgabenverteilung des primitiven Zustands entwickelt sich ein Raum, in dem Arbeiten planvoll in Gestalt von Berufen organisiert werden. Die Sorge um das reine Überleben nimmt ab. Anstatt sich auf das reine Jagdglück zu verlassen, treibt man Viehzucht, Fischerei und Ackerbau, was eine verlässlichere Versorgung der stetig wachsenden Bevölkerung gewährleistet. Das Gros freigewordener Energie wird in der Hauptsache vom Bereich der Praxis aufgesogen: neue Techniken werden entdeckt und angewandt: Metallurgie und Baukunst blühen. Der graubärtige Denker – wir sollen uns an Archimedes erinnert fühlen – in Cole´s Bild schreibt er mit seinem Stock keineswegs ein Gedicht in der Sand: Er betreibt Geometrie, Mathematik. „Störe meine Kreise nicht!" Wissenschaften beginnen aufzukeimen. Sie sind die Grundlage für die Aufrechterhaltung und Weiterentwicklung der sozialen Praxis. Erste Schriften entstehen, in denen praktisches und ethisches (unter der Gestalt des Mythos) Wissen archiviert wird. Spezialistentum entwickelt sich: Schiffsbauer, Architekten, Steinmetze, Zimmerleute, Soldaten usf. Teils werden Berufe in Kasten geordnet, um ihren Bestand zu sichern (z.B. mittelalterliches Zünftewesen als ökonomische Kasten). Darüber hinaus erfährt der Ethos im Zuge seiner Verschriftlichung eine immer striktere Kodifizierung. Das Konzept von Wahrheit dringt in das Denken der Menschen ein. Bediente sich der Primitive noch ausschließlich der Kategorien von nützlich und überflüssig (eventuell im religiösen Jargon als gut, böse bezeichnet), beurteilt der Arkadier Sachverhalte als wahr und unwahr, richtig und falsch. Er wird zum ackerbauenden Philosophen und zum philosophierenden Landwirt.

Besonders hervorzuheben ist die sich nun deutlich einstellende Entwicklung einer Ästhetik, die dem sozialen Raum ein sichtbares Gepräge und seinen Bewohner ein erstes, noch recht subtiles Wirklichkeitskonzept verleiht. In Cole´s Bild stechen vor allem die dezent farbigen Peploi und Togen, sowie die hochgesteckten Frisuren der Frauen ins Auge. In der linken Hälfte der arkadischen Landschaft werden wir Zeugen einer Szene, die das im sozialen Raum ästhetisch gesteigerte Lebensgefühl repräsentiert. Ein an einen Baum lehnender Musikant spielt ein Liedchen, wozu ein Paar tanzt. Die Tänzerin trägt einen Blumenkranz als Schmuck. Andere Zuhörer sitzen müßig herum und genießen die Darbietung. Der Genuss, der Lebensgenuss ist hier das Entscheidende. Wir sagten, der soziale Raum als Ort der Bedürfniserfüllung dritter Klasse erzeuge, steigere und erfülle gleichsam jene Bedürfnisse, die zu einem erhöhten Lebensgefühl führen – sei es, dass dies in Gestalt von neuen Bedürfnissen, z.B. das Verlangen nach Luxusgütern, geschieht, sei es, dass bestehende (Grund-) Bedürfnisse kultiviert werden, wie z.B. Ernährung oder Bekleidung. Arbeitsteilung und die erleichterte Bedienung lebensnotwendiger Erfordernisse schaffen den Bewohnern des arkadischen Landes zunächst einmal *Zeit*. Die Zeit, die der Mensch nicht mit irgendwelchen zwingenden Besorgungen verbringen muss, wird sein Eigentum – ein sonderbares Eigentum, denn es ist gänzlich leer, ungestaltet, brach. Genutzte <u>und</u> genossene Zeit nennt der Arkadier Muse. Die Musezeit ist ihm heilig, ist göttlich. Homer etwa betet zu den göttlichen Musen am Beginn der Ilias, *sie* mögen ihm die Geschichte vom Zorn des Achilles erzählen.

Muse ist das primäre Material der Ästhetik eines sozialen Raums. Wo die Menschen Muse haben, werden sie künstlerisch aktiv, was in der Folge zu einer allmählichen Steigerung des Lebensgefühls aller Bewohner führt. Ästhetik wird genossen. Der Genuss ist die Kategorie, in welcher man Grad und Erfolg ästhetischer Arbeit messen kann. Genuss, das ist sehr wichtig, darf nicht mit dem primitiven Hedon, dem

Lustempfinden verwechselt werden. Jenes emaniert aus der Befriedigung basaler Bedürfnisse und ist seinem Wesen nach ein Zustand der Schmerzlosigkeit, also etwas, das lediglich als Negativum, als Abwesenheit existiert. Hunger ist ein Schmerz, ein langsam zunehmendes Unwohlsein – Sattheit dessen Abwesenheit. Begehren ist ein Schmerz, die Erfüllung der Moment seiner Stillung. seines Verschwindens. Schön, wenn ein Schmerz nachlässt.

Genuss, d.h. ästhetischer Genuss, Genuss am ästhetischem Schaffen und Konsumieren ist eine existentiell relevante und die Alltäglichkeit nachhaltig beeinflussende emotionale Erfahrung, die zur besagten Steigerung des Lebensgefühls führt und gleichsam die Bedingung seiner Möglichkeit darstellt. Genuss braucht Muse, d.h. freie Zeit. Die Unfähigkeit zum Genuss pervertiert Muse zur Langeweile. Langeweile ist ein Schmerz, der allein im Hedon, im primitiv-tierhaften Lustempfinden temporäre Linderung erfahren kann.

Tatsächlich sind wir hier auf einen sehr bedeutenden und relevanten Zusammenhang gestoßen. Praxis, Ästhetik und Ethos sind die zentralen Bereiche des sozialen Raums. Mit ihm wachsen auch jene, prägen den öffentlichen Raum sowie die Alltäglichkeit seiner Bewohner. Dieses Wachstum vollzieht sich ungleichmäßig. Am Anfang, wenn im sozialen Gefüge primär die Bedürfnisse der ersten beiden Klassen bedient werden, steht die Praxis im Vordergrund, der Ethos folgt, die Ästhetik ist lange nur sehr rudimentär vorhanden. Mit dem Erfolg eines sozialen Raums holt der Ethos allmählich die Praxis ein; auch die Ästhetik beginnt nun immer wirkmächtiger ins Gefüge der Alltäglichkeit hineinzustrahlen. Die Ästhetik gibt dem sozialen Raum ein Gesicht, eine spezifische Symbolsprache und schließlich eine dezidierte Wirklichkeitskonzeption. Das *Imperium* entsteht in dem Augenblick, da die Bewohner eines sozialen Raums ein Bewusstsein von ihm entwickeln. Sieht der Arkadier sich noch als Bewohner einer Landschaft, die in einem Zustand zwischen Wildheit und Kultivierung „schwebt", oder als Mitglied eines Stammes, dessen Grenzen fließend sind, so begreift sich das post-arkadische Individuum als Bürger einer ummauerten Stadt und schließlich eines fest umgrenzten Reichs, das im Gegensatz zur Stadt mit seinen sehr realen Mauern bereits reine Vorstellung ist. Die Person beginnt sich mit dem sozialen Raum, in dem sie enthalten ist, zu identifizieren, meint: sie gewinnt ihre Identität aus der Reflektion über ihre Alltäglichkeit, in die hinein sie sozialisiert wird. Der Mensch wird zum Bürger, das Dorf zur Stadt, der Stamm zum Staat, der natürliche zum artifiziellen Raum, der soziale Kleinstraum zur Zivilisation.

25

The Course of Empire: The Consummation of Empire

The Consummation of Empire zeigt den sozialen Raum auf seinem vermeintlichen Zenit – vermeintlich, denn wie bei The Savage State bereits die Saat der Zivilisation aufgegangen war, so sind inmitten der größten Prachtentfaltung des Imperiums bereits deutliche Verfalls- und Degenerationserscheinungen zu erkennen. Wir haben es hier zwar noch nicht mit einem Leichnam zu tun, wohl aber mit einem sterbenskranken Greis, dessen altersschwacher, dürrer Leib mit Gold und Purpur verhüllt wurde. Cole nennt das Bild nicht umsonst: The Consummation of Empire, also die Vollendung des Imperiums. Ihm ist nicht daran gelegen, den allmählichen Aufstieg vom arkadischen Zustand bis zu dem der Consummation zu zeigen. Kriege, Fortschritte, Errungenschaften, Umwälzungen, all die ungezählten Mühsale, Opfer und Heldentaten, die den Weg zur Weltmacht geebnet, die die *Summe* vollendet haben, werden uns stattdessen in kolossalen, überlebensgroßen Statuen und Gebäuden vor Augen geführt, die eine *bereits vergangene* Epoche glorifizieren. Es ist eine fast schmerzhaft groteske Vorführung, eine geradezu obszöne Zurschaustellung der eigenen Herrlichkeit, die sich dem staunenden Blick des Betrachters nur allmählich erschließt. Das Imperium ist sich seiner Größe gewiss. Es ist stolz auf seine Vergangenheit. Es feiert seine Gegenwart. Nein. Es feiert nicht. Es lärmt, es taumelt in

70

einem unendlich ausgedehnten Exzess, um nicht jene innere Stimme hören zu müssen, die mahnend Einhalt gebietet, die sorgenvoll die Jahre zählt, die noch bleiben. So täuscht auch der zur Schau gestellte Reichtum und die schreiend bunten Machtsymbole kaum noch über den nagenden Wurm hinweg, der schon in den Eingeweiden gräbt: Das Empire hat keine Zukunft mehr, nur noch eine Vergangenheit.

Cole zeigt uns eine urbane Kunstlandschaft zwischen Griechentum, Römertum und kleinasiatischer Despotie. Endlose Kolonnaden und weitgespannte Kuppeldächer strahlen in irrealem Weiß. An den Rändern des Bildes ist, wie ein Rest, ein Überbleibsel, ein klein wenig nicht urbanisierter Landschaft in Gestalt recht kahler Felsen zu erkennen. Sie scheinen vor den weißen Gebäuden fliehen zu wollen, die mit grausamer Aufdringlichkeit in sie hineinwachsen. Diese Welt aus weißem Marmor ist eine Konstruktion des Menschen im Zustand seiner höchster Kultivierung: eine Kopfgeburt. Nichts Urwüchsiges, nichts Unberührtes, nichts Chaotisches ist mehr darin zu entdecken, außer die Bewohner der Stadt selber, die sich als bunte, fast gesichtslose Masse durch dieses Zauberland bewegt, nein, es befleckt.

Wir sind Zeugen einer Festivität. Man feiert heimkehrende Soldaten, die auf geschmückten Schiffen in den Hafen einlaufen. Die Vielfalt an Exotischem, geschmückte Sklaven, ein König, der auf einem Elefant reitet, goldene Gefäße, bunte Tücher, Weihrauch usf. zeigen, dass die Krieger nicht das Reich verteidigt haben. Vielmehr kehren sie von einem Eroberungsfeldzug heim.

Der siegreiche General der Truppe schreitet eine gewaltige Treppe empor, deren unterste Stufe bis ins Wasser reicht. Aus dem Gebäude am Ende der Treppe, das wie ein Berg über dem künstlichen Hafenbecken aufsteigt, schreitet ihm eine vielköpfige Delegation von Würdenträgern entgegen. Dampf steigt aus riesenhaften Dreifüßen empor, die trotz ihrer Größe sonderbar klein, ja deplatziert wirken. So gleichen sie Relikten einer vergangenen Zeit. Der primitive Ritus ist bereits zur bloßen Form verkommen, zum divinen Schauspiel, das keine innere Relevanz mehr besitzt, vergleichbar mit dem protestantischen Gottesdienst, der nicht mehr die spirituelle Mystik, sondern die triviale ethische Unterweisung in den Fokus stellt. Die Akteure in Coles Bild sind die zur Masse geronnenen Menschen, die ameisenhaft über den weißen Stein ihrer Welt kriechen.

Was zeichnet das vollendete Imperium, den zur Perfektion gereiften sozialen Raum aus?

Zunächst einmal sehen wir keinerlei Armut. Und mehr als das: Wir entdecken auf dem gesamten Bild keine einzige Person, die sich noch mit der Befriedigung grundlegender Bedürfnisse beschäftigt. In The Savage State war die Jagd die primäre Beschäftigung der Menschen – sie stand im Mittelpunkt. Im Arkadischen Zustand wurde uns zumindest noch bildmittig, doch bereits in den Hintergrund gerückt, ein Hirte vorgeführt, der ohne große Mühe seine Herde weidete: Die Bedienung der Grundbedürfnisse ist zwar essentieller Bestandteil der sozialen Praxis, doch sie beansprucht nicht mehr das Gros der Energie. Die Menschen sind frei geworden, ihre (Muse-)zeit anderweitig einzusetzen. In Consummation of Empire spielen diese Grundbedürfnisse keinerlei Rolle mehr. Das Imperium ist derart mächtig, dass selbst die geringsten seiner Bewohner einen Lebensstandard genießen, der die ersten beiden Grundbedürfnisklassen voll und die dritte zumindest graduell befriedigt. Es geht dem Menschen in diesem sozialen Raum nicht mehr um das tägliche Brot, Bekleidung oder Unterkunft. Seine Bedürfnisse haben sich verfeinert, d.h. der soziale Raum hat die Bedingung ihrer Verfeinerung erzeugt. Der Bürger dieses Staates strebt nun den Genuss einer bestimmten Speise, eine modische Bekleidung oder eine prachtvolle Unterkunft an. Nicht mehr der Inhalt eines Bedürfnisses, sondern die Form seiner Erfüllung stehen im Vordergrund und bestimmen sein Denken, Handeln und Fühlen. Die Sorge um das Überleben in einer als feindlich empfundenen Umwelt ist zur Sorge um den sozialen Platz innerhalb der artifiziellen Welt des sozialen Raums… wir müssen sagen: verkommen.

Die Praxis eines hochentwickelten sozialen Raums erfährt trotz höchstem Einsatz von Ressourcen kaum noch echte Fortschritte. Die ausschweifenden Architekturen in Coles Panorama erlauben keine Verbesserung, keine Erweiterung mehr. Vielmehr müht man sich, das Bestehende zu erhalten. Die Gebäude haben sich in ihrer Funktion den Bedürfnissen ihrer Erbauer entfremdet. Man kann sich nicht vorstellen, dass in diesen weißen Kolonnaden, Tempeln und Palästen echte Menschen wohnen. Stattdessen zielt die Architektur auf eine rein ästhetische Präsentation des Habitats gegenüber seinen Bewohnern ab: Die Stadt Rom wird als Göttin Roma verehrt.

Wie sieht es mit der Lebenspraxis der Menschen aus? Aus dem groben Fellüberwurf des Wilden wurde die haltbare und funktionale Kleidung des arkadischen Zeitalters. In the Consummation sind die Menschen mit prachtvoll-bunten, doch gleichsam völlig unpraktischen Gewändern bekleidet. Interessanterweise unterscheidet sich die Bekleidung im arkadischen Zustand nach Geschlecht, Beruf, Anlass usf., während sie im vollendeten Zustand des Imperiums mit Ausnahme bestimmter Schnitte und Farben vollkommen *uniform* scheint. Sie folgt einer allgemeinen *Mode*, so wie in unseren Tagen.

Ein weiterer, erhellender Aspekt des niedergehenden Imperiums ist der deutlich zur Schau gestellte fallende Grenznutzen, der je in der Praxis angewendeten Technologie. Man betreibt immer größeren Aufwand, um immer geringere Verbesserungen zu erzielen. The Consummation weist keine qualitativ fortgeschrittenere Technologie als the Arcadian State auf. Nur die äußeren Formen, die Verzierungen etwa der Schiffe, der Rüstungen usf, haben sich verändert, nicht die Dinge selbst. Diese Stagnation ist leicht zu verstehen: Es gibt keine radikal innovativen Denker, Künstler, Erfinder mehr, weil es keine Notwendigkeit mehr gibt, zu denken. Die Menschen existieren wie Vieh. Sie werden ernährt, bekleidet und...unterhalten: Brot und Spiele zeichnen die alltägliche Praxis aller hoch entwickelten sozialen Räume aus, in denen weite Teile der Bevölkerung nicht mehr Mittel, sondern Ballast ist. Gerade diese Unterhaltung von Staats wegen ist es, die die selbsttätige und schöpferische Entfaltung in der freien Musezeit unterbindet. Die Unterhaltung wird selbst zum Inhalt, zum Zeit-Vertreib. Das Individuum geht in der Masse unter und diese wird er- und unterhalten bis auch sie...untergeht.

Wir können dieses Prinzip vom abnehmenden Nutzen technologischer Neuerungen auch in unserer Gegenwart vielfach studieren. Ein schönes Beispiel sind Betriebssysteme für Computer, entwickelte sich doch diese Technologie innerhalb eines sehr kurzen Zeitraums, sodass die meisten von uns echte Zeitzeugen sind. Der qualitative Sprung vom Abakus zur Lochkarte war riesig. Der von jener zum texteingabebasierten Disk Operation System (DOS) war ein wenig kleiner, doch nichtsdestotrotz bemerkenswert und bedeutend. Der Sprung von der Texteingabe zum visuellen Interface war wieder ein wenig kleiner. Die Entwicklung der visuellen Betriebssysteme von, sagen wir, Windows 3.1 zu Windows 10 bringt am Anfang noch signifikante Verbesserungen und Erleichterungen für den Endnutzer mit sich. Doch die echten Innovationen nehmen in Zahl und Wirksamkeit mit jeder neuen Version ab, sodass wir in den letzten Jahren in erster Linie Veränderungen des Designs, der ästhetischen Darstellung bei weitgehend gleichbleibender Funktionalität beobachten können.

Ähnliches lässt sich von der Kriegspraxis berichten. Der unorganisierte Heerhaufen dunkler Vorzeit, bestehend aus mit Stock und Speer bewaffneten Einzelkämpfern, vollzieht einen Quantensprung, als er sich als Phalanx (Verband trainierter und gut ausgerüsteter Krieger) zu organisieren beginnt. Von der Phalanx zur römischen Legion ist der Fortschritt nur noch gering und findet zumeist im Bereich der Logistik und Strategie statt. Mit dem Zusammenbruch der antiken Welt erodiert die militärische Praxis. Plötzlich stehen sich im frühen Mittelalter erneut untrainierte und zufällig bewaffnete Haufen auf den Schlachtfeldern Europas gegenüber – man fühlt sich an biblische Zeiten erinnert. Noch auf der Schwelle zur Moderne im 17. Jahrhundert werden Schwerter, Speere, Lanzen usf. von den Kombattanten benutzt, bis sich langsam und sehr allmählich die Fernkampfwaffe durchsetzt: ein lange überfälliger Entwicklungssprung. Die mörderischen Massenschlachten des Ersten Weltkriegs sind nur durch die Hochzeit von hocheffizienter Fernkampfwaffe (Maschinengewehr, Artillerie) aus moderner Industrieproduktion (gar nicht zu vergleichen mit den „Flinten" vorangegangener Jahrzehnte) und der mittelalterlichen Taktik des stürmenden Heerhaufens möglich und verständlich, wenn auch nicht zu fassen.

Mit dem Siegeszug der Fernkampfwaffe kehrt zunächst die Organisation der Phalanx zurück. Man steht sich Gewehr im Anschlag gegenüber und feuert Salve um Salve, bis eine Schützenreihe unter dem Eindruck erlittener Verluste das Feld räumt. Die wachsende Effizienz automatischer Gewehre macht die Phalanx obsolet. Heute stehen sich kleine Trupps Bewaffneter auf dem Feld gegenüber, die bemerkenswert erfolglos versuchen, einander den Garaus zu machen. In der Schlacht von Cannae fielen vor 2000 Jahren an einem einzigen Tag doppelt soviel Menschen wie im gesamten Zweiten Golfkrieg trotz Raketen, Artillerie und Maschinengewehren. Zieht man dazu die in der Antike weit geringere Bevölkerungsdichte mit in Betracht, nehmen sich die Opferzahlen der Gegenwart absurd gering aus – ein erfreulicher Rückschritt wie ich finde. Ausnahmen sind freilich die beiden Weltkriege des vergangenen Jahrhunderts. Sie nehmen eine Sonderstellung in den Gemetzeln unserer Zeit ein. Stellt man jedoch die Bevölkerungsdichte mit den Verlusten in Beziehung, relativiert sich bei allem Gauen und Horror auch diese Zahl. Der Dreißigjährige Krieg kostete zwischen 30-50% der Bevölkerung des Deutschen Reiches das Leben. Der Zweite Weltkrieg kostete etwa 6.6 Millionen Deutsche das Leben – d.s. weniger als 10% der Gesamtbevölkerung. Selbst wenn man die Opfer des Holocaust dazurechnen würde, läge der prozentual vernichtete Anteil an der Bevölkerung niedriger als… aber das sind alles recht morbide Überlegungen. Der Umstand des abnehmenden

Grenznutzens von Technologie in einem hochentwickelten sozialen Raum dürfte indes klar geworden ein.

Nicht nur die Praxis erlahmt in einem „vollendeten" sozialen Raum, auch der Ethos beginnt zu erodieren. Es gibt gewisse Verhaltensweisen und Einstellungen, die von allen Menschen zu allen Zeiten geschätzt wurden und werden. Sie fußen auf Grundwerten, die nicht künstlich und im Hinblick auf den Bestand und die Erfordernisse eines sozialen Raums konstruiert wurden, sondern dem Menschen als Über-lebenswesen natürlich eignen. Wir sprechen von natürlicher und artifizieller Ordnung. Nur in einem sozialen Raum kann das Individuum seine Grundbedürfnisse erfüllen. Im mindesten Fall muss man sich mit einem Partner zusammentun, um Nachwuchs zu zeugen und aufzuziehen. Dieses Zusammenleben ist nur möglich, weil gewisse Grundwerte *instinktiv* akzeptiert und als positiv interpretiert werden. Ich spreche hier nicht von den uns bekannten sogenannten Grundwerten unseres sozialen Raums, die etwa in Verfassungen ihren Widerhall finden. Freiheit, Gleichheit, Gerechtigkeit usf. sind Abstrakta, die nicht den Zustand des natürlichen Menschen, sondern den des Bewohners eines sozialen Raums und darin diesen selbst beschreiben. Freilich sind in jenen gesetzlich fixierten Bürgerrechten auch anthropologische Grundwerte enthalten. Manchmal aber versucht das „Menschenrecht" auch, diese zu überschreiben, was meist katastrophale Folgen nach sich zieht – wir werden später davon sprechen müssen.

Anthropologische Grundwerte sind solche, die die Bedürfniserfüllung der ersten beiden Klassen in einem sozialen Kontext fördern: Nicht grundlos töten, nichts Wertiges vernichten, Argwohn gegen Neues, Fremdes, Neugier auf Neues, Fremdes, Schaffensfreude, Wille zur Mächtigkeit, Ekel vor Krankheit, Alter, Hässlichkeit, Zuneigung zu Gesundheit, Jugend, Schönheit usf., sprich: alles, was dem körperlichen, fortpflanzungsfähigem Leben dient und seine Mehrung fördert, entspricht diesem *natürlichen Ethos*.

Diese Werte mögen sich für die Ohren eines in der

westlichen Welt sozialisierten Menschen geradezu „menschenverachtend" anhören. Sie sind aber das Gegenteil. Genau besehen, nehmen sie sich sogar weit humaner als die sogenannten Menschenrechte aus, die dem Abstraktum „Mensch" Rechte einräumen, die dem konkreten Individuum, der echten Person, willkürlich abgesprochen werden. Die „Würde des Menschen" ist unantastbar, die konkrete Person darf aber getötet werden, wenn es nur dem Bestand des Habitats nützt.

Echte anthropologische Grundwerte gemäß der natürlichen Ordnung bedingen Verhaltensweisen, die die erfolgreiche Bedienung der Grundbedürfnisse anstreben. Der Hungernde sucht Nahrung, der Liebende die Zuneigung der Geliebten, d.i. die potentielle Mutter seiner Kinder usf. Seltsamerweise ergibt sich mit der Entwicklung und Verfeinerung der Alltäglichkeit innerhalb eines sozialen Gefüges höherer Ordnung bald eine Konkurrenz zwischen den natürlichen Grundwerten und dem dogmatischen Ethos. Seltsam, weil doch die einzige Funktion des Raums für seine Bewohner die Schaffung eines Umfeldes ist, in welchem die Bedienung ihrer Bedürfnisse unter erleichterten Umständen erfolgen kann. Doch je erfolgreicher der soziale Raum ist, desto...unmenschlicher, unnatürlicher werden die Lebensumstände in ihm – wir werden uns später mit dem Problem der Konkurrenz zwischen sozialem Raum und Individuum noch hinlänglich befassen. Diese Divergenz zwischen Soll und Ist überbrückt der Raum, indem er sein Dogma über Sinnstrukturen, Ideologie und schließlich die Werkzeuge einer mehr oder weniger subtilen Propaganda in die Wirklichkeitswahrnahme seiner Bewohner einpflanzt. Allein, dass jene indoktriniert werden müssen, um „freiwillig" in einem hochentwickelten Habitat zu verweilen, seine Institutionen zu affirmieren und die in ihm herrschenden Verhältnisse passiv oder aktiv zu reproduzieren, zeigt, dass seine Konstruktion keineswegs so fest und absolut ist, wie seine Propaganda glauben machen möchte.

Gehen wir zu Coles Bild zurück. Auf den ersten Blick wirkt The Consummation of Empire wie die Darstellung eines sozialen Raums der seinen absoluten

Höhepunkt erreicht hat, was zweifellos auch so ist. Versetzen wir uns aber in ein Individuum der gesichtslosen Masse, die dieses urbane Zauberland bevölkert, merken wir, dass ein Dasein im Schatten der weißen Säulen möglicherweise gar nicht so erstrebenswert ist, wie es scheint. Sicher, man leidet keinen Mangel, man schwelgt im Luxus, man ist umgeben von Schönheit, Pracht, Glanz. Aber wie einsam muss es sich anfühlen, umgeben von Tausenden im Bauch eines Moloch aus Stein und Fleisch zu existieren? Das arkadische Zeitalter stellt die zwischenmenschlichen Beziehungen in der Vordergrund. Wir sehen wenige Personen, die in verschiedener Weise miteinander in Kommerz stehen, die tanzen, zuhören, spazierengehen usf. The Consummation aber zeigt uns eine identitätslose Masse, die durch das Spektakel der Festivität aus seiner stupiden Lethargie gerissen wird. Die Szene wirkt aufgekratzt, die Menschen nervös, entnervt. Und jene, deren Aufmerksamkeit nicht von der Rückkehr der Soldaten in Anspruch genommen wird, liegen träge, ja apathisch herum: Das ist keine Muse, die zuhört und nachdenkt, sondern qualvolle Langeweile, die immer stärkere Stimulationen braucht, um noch durchbrochen zu werden. Mit der Aushöhlung des Ethos und der Übererfüllung der Bedürfnisse hat der soziale Raum seine Bewohner in Vieh verwandelt, das abseits der Grenzen seiner künstlichen Habitate nicht mehr lebensfähig ist.

Mit dem Erfolg des sozialen Raums wächst auch die ihn präsentierende Ästhetik. Die Erfüllung und Überfüllung grundlegender Bedürfnisse erlaubt einer stetig wachsenden Anzahl von Individuen, die Besorgungen des Alltags hinter sich zu lassen, um an *Höherem* zu arbeiten. Ressourcen an Zeit und Material stehen hinlänglich zur Verfügung. Die Ästhetik manifestiert sich bald in einem kulturellen Milieu, einem sozialen Subsystem, das sich zu dem ihm übergeordneten Gesamtraum in sehr bestimmter Weise verhält.

Ich will an dieser Stelle nicht zu sehr ins Detail gehen. Auch das Verhältnis von Kunst und Gesellschaft füllt ganze Bibliotheken. Zumeist wird die künstlerische Produktion auf Basis gesellschaftlicher Doktrinen interpretiert. Doch in Wahrheit definiert der soziale Raum durch die in seinen Bewohnern erzeugte Wirklichkeit Gehalt und Verständnis des ästhetischen Ausdrucks. Kunst ist keine aus den gesellschaftlichen Verhältnissen gelöste und jene bildhaft in sich reflektierende Ausdrucksform. Die in ihr geäußerte *Kritik* ist keine Verurteilung des sozialen Raums, sondern dient <u>immer</u> seiner Affirmation, bzw. legt den Grund für notwendige Anpassungen, was die je gelebte Alltäglichkeit anbelangt. Die Ästhetik eines Habitats spiegelt dessen Dogma immer in sich wider, auch wenn sie sich nur selten darüber voll bewusst ist.

Ein Beispiel mag dies verdeutlichen: Das vermeintliche Protestlied prangert eine überkommene gesellschaftliche Praxis an und fordert, diese Praxis gemäß eigener Doktrinen anzupassen. Die Doktrin der protestierenden Gruppe ist aber nichts als eine Variation des je schon bekannten und gelebten Dogmas. Nicht jenes soll aufgelöst, sondern die ihm entspringende Praxis angepasst werden. Revolution bedeutet: Umwälzung, nicht Abschaffung. Der soziale Raum verhält sich recht sensibel gegen jene ästhetischen Äußerungen, deren Kernforderung seine Reformation beinhaltet. Unter dem Deckmantel scheinbarer Zurückweisung der Kritik beginnt eine sehr lebhafte Auseinandersetzung mit ihr, die notwendig zur Anpassung der Alltäglichkeit führt. Das Protestlied wird zum Schlager, zur Hymne eines sozialen Raums, der sich erfolgreich an die für sein Überleben notwendigen Erfordernisse angepasst hat. Er hat feindliche Einflüsse *integriert*. Aus dieser Konfrontation geht er gestärkt hervor. Kunst ist nie Kritik, sondern immer Affirmation und luzide Darstellung des Dogmas.

Affirmation des sozialen Raums ist also die eigentliche Aufgabe der Ästhetik. Sie überformt das Gepräge der Alltäglichkeit und wird so zum allgegenwärtigen Lehrer der in ihr be- und gefangenen Bewohner. Tatsächlich spiegelt nichts klarer das Dogma eines sozialen Raums wider als seine Ästhetik. Die

Weise, wie die Bewohner ihr alltägliches Dasein wahrnehmen, bedingt gleichsam die Weise wie sie ihre artifizielle Welt gestalten. Die griechische Säule, die ägyptischen Massenstrukturen, die Hochhäuser der westlichen Zivilisationen sind steingewordene Manifestationen des jeweils prägenden Dogmas. Desgleichen lässt sich für die Literatur, Malerei, Musik usf. sagen.

Die Ästhetik des sozialen Raums wirkt auf seine Bewohner wirklichkeitsbildend. Sie prägt die neuen Generationen, indem sie ihnen ständig das in verschiedene Formen gegossene Dogma *sinnlich* vermittelt. Das gestaltete Umfeld des öffentlichen Raums mag in früheren Zeiten bereits genug gewesen sein, seine Bewohner ausreichend zu indoktrinieren. Heute dringt die Ästhetik bis in den privaten Bereich vor, das Bild an der Wand (Plakat), der Fernseher (Theater), das Radio (öffentliche Rede), das Internet (Massebewusstsein) usf. sind Werkzeuge ästhetischer Belehrung.

Faktisch wird immer verstanden, was dem je sich entwickelnden Intellekt als weltbeurteilendes Fundament zugrunde gelegt wurde. Geschmack und Vorlieben werden sozialisiert. Letzteres ist häufig in kulturell hochstehenden sozialen Subsystemen zu beobachten: Wir denken an den grauhaarigen Professor, der klassische Musik hört, während er als junger Mann, in anderen sozialen Kontexten existierend, Rockmusik bevorzugte. Der Erhalt eines Doktortitels ist für manchen Grund genug, sich eine Brille verschreiben zu lassen – die Brille, das Hemd, die Stoffhose, der Haarschnitt und eben auch die ästhetischen Vorlieben (es sind keine natürlichen Vorlieben, sondern erlernte Präferenzen), die ethischen Einstellungen und die je gelebte Praxis weisen eine Person als Bewohner eines sozialen (Unter-)Raums aus. Dabei trägt sie ihre Kleidung nicht etwa, weil sie sie gerne tragen möchte, sondern weil sie in ihrem Entscheid einer ästhetischen Vorgabe (z.B. in Gestalt einer Uniform) folgt. Soziale Identität entsteht durch positive Auseinandersetzung mit der sozialen Welt. Soziale Identität besteht in der konstanten Negation, d.h. Verneinung echter Individualität. Je weiter der soziale

Raum sich entwickelt, desto stärker identifizieren sich seine Bewohner mit ihm, wobei sie ihre echte Individualität als natürliche Lebewesen einbüßen. Dementsprechend ist der Westen von Stereotypen und Karikaturen bevölkert, die sich ihrer eigenen sozialen Determination nicht einmal dann bewusst werden können, wenn sie gewissermaßen mit der Nase darauf gestoßen werden – man denke nur an die wundervolle Doppelbödigkeit des Humoristen Loriots, dessen eigentliches Spottobjekt der Zuschauer ist, der über sein Spiegelbild lacht.

In The Consummation of Empire dominiert die ästhetische Formensprache in fast grotesker Weise den sozialen Raum. Die Menschen sind in ihm Fremdkörper geworden, störende Farbtupfer in einem Panorama von gleißendem Weiß, eine formlose Masse, die die gewaltigen Architekturen wie ein Schmutzfilm überzieht.

Eine letzte Frage bleibt zu beantworten: Wie kam es dazu, dass die Ästhetik sich derart vom Subjekt des sozialen Raums entfernen konnte? Die Frage ist berechtigt und leicht zu beantworten. Denn wenn seine Ästhetik die in einem sozialen Raum gelebte Alltäglichkeit und wahrgenommene Wirklichkeit widerspiegelt, so muss sie auch jene Faktoren in sich abbilden, die zu seinem Untergang führen. Der Hauptgrund des Untergangs ist, wie in Coles Bild deutlich erkennbar, die wachsende Entfremdung vom natürlichen Anthropos und seiner artifiziellen Inkarnation als Bewohner des sozialen Raums. Ein Graben klafft zwischen Bürger und Menschen, zwischen einem Wesen, dessen Dasein von der Befriedigung der ersten beiden Bedürfnisklassen geprägt ist und jenem, dessen Hauptsorge der dritten Klasse gilt. Die konkreten Gründe, die zu dieser Entfremdung, man möchte sagen: Entartung führen, werden uns im zweiten Teil dieses Buches beschäftigen. Für uns ist an dieser Stelle nur wichtig, dass wir über die Ästhetik eines sozialen Raums Aufschluss über dessen innere Beschaffenheit und die Wirklichkeitskonzeption seiner Bewohner erhalten, sofern wir nur bereit und willig sind, mit „dem Blick des Idioten“, mit „dem Auge des nackten Lebens“ die Dinge zu sehen wie sie sind und uns nicht scheuen, sie auch beim Namen zu nennen: Der Kaiser trägt keine Kleider.

26

The Course of Empire: Destruction

Destruction, Zerstörung. Dieses Wort – fast glaubt man beim Anblick des Infernos, es handle sich um einen Ausruf, einen Schrei: Destruction! – genügt Cole, das vierte Bild seines Zyklus zu bezeichnen und wahrlich, mehr als dieses eine Wort braucht es nicht. Zerstörung – das punktuelle Ereignis hat die Zustandsbeschreibung ersetzt. In unendlicher Verdichtung wird uns die Summe des Niedergangs im Moment des gewaltsamen Todes eines sozialen Gefüges vor Augen gestellt.

Wir sehen den gleichen Hafen, die gleichen Gebäude wie in The Consummation. Es handelt sich also um die gleiche Stadt, nein, um die Hauptstadt, das geistige und materielle Zentrum eines Weltreichs. Die Perspektive des Bildes ist lediglich ein wenig nach rechts verschoben. Auch was die Bildelemente angeht, lehnt sich Destruction an seine Vorläufer an. Die Komposition ist identisch, das Thema aber hat sich gewandelt.

Mit Destruction belehrt uns Cole nicht mehr über das Wachsen und Werden des Imperiums, sondern er demonstriert uns die Umstände seines Untergangs in unverstellter, ja brutaler Weise. Nun sind es die Schiffe des Feindes, die in den Hafen einlaufen. Tod und Verderben tragen sie durch die Straßen. Cole stellt die Vollstrecker des Todesurteils als eine Mischung aus Wikingern und kleinasiatischen Piraten dar. Es ist also keine konkurrierende Großmacht, die dem Empire das Genick bricht, sondern halbwilde Barbaren. Der Angriff scheint kaum organisiert. Die Stadt wurde nicht langwierig belagert und nach heftiger Gegenwehr gestürmt. Vielmehr wird sie die unvermutete Beute wagemutiger Abenteurer. Rohe Gewalt, primitive Gewinnsucht und kühne Unverfrorenheit genügen, die wehrlose Metropole im Handstreich zu nehmen. Zweifellos will man sie nicht erobern, sondern lediglich plündern. Wir fühlen uns erinnert an die Zerstörung

Karthagos durch die kulturell unterlegenen, doch weit vitaleren Römer, wir fühlen uns erinnert an die Plünderung Roms durch die Vandalen, an die Einnahme Jerusalems durch die Kreuzfahrer, an den Einmarsch Alexanders in das Perserreich. Die jungen, aufstrebenden Fremdvölker bemächtigen sich gewaltsam der in den greisenhaften Formen einer überkommenen Hochkultur erstarrten Weltreiche wie Ameisen sich des Kadavers eines Elefanten bemächtigen.

Betrachtet man das Bild aufmerksamer, entdeckt man zahlreiche Hinweise, wie es zu dieser unvorstellbaren Szene, dieser Klimax der Verwüstung kommen konnte. Cole lädt uns zu einem Detektivspiel ein und dankbar folgen wir seiner Einladung.

Zunächst fallen die epochalen Statuen auf. Waren sie noch in Consummation prunkvoll geschmückt und völlig intakt, so befinden sie sich nun in denkbar schlechtem Zustand, was auf einen inneren Verfall des Imperiums hinweist. Die Türme, die das Hafenbecken wie steinerne Wächter beschützen sollen, scheinen schon vor Jahren eingestürzt und nicht mehr wieder aufgebaut worden zu sein. Auch die Hafenanlage selbst hat gelitten, einige Säulen sind abgebrochen – dies alles sind keine direkten Folgen des Barbareneinfalls, sondern Hinweise auf dessen Ursache.

Die halb verfallene Hafenanlage indiziert gleichsam einen Rückgang der wirtschaftlichen Bedeutung. Das Imperium hat Einfluss verloren. Damit ist auch der stete Zustrom von Gütern, der nötig war, die luxuriöse Alltäglichkeit seiner Bewohner zu gewährleisten, zurückgegangen. Tatsächlich ist die Kleidung der Stadtbewohner einfacher und gröber geworden. Trotzdem sind sie noch wohl genährt, feist möchte man sagen. Die einst prunkvollen Statuen, die die breiten und schönen Plätze umsäumten, sind zu traurigen Zeugen des Niedergangs geworden – kopf- und armlos stehen sie da und bezeugen darin den Zustand des todgeweihten sozialen Raums: Weder besitzt er eine funktionale Führung, noch die Machtmittel sich zu erhalten. Das sterbende Habitat träumt von seiner großen Vergangenheit, d.h. es *lässt* träumen – ein Sedativum, das die Bewohner über die ernüchternden Zustände der Gegenwart hinwegtäuschen soll. Eine Zukunft, dass fühlen die Menschen bereits, hat ihre Heimat nicht mehr. Man genießt die Zeit, die bleibt, so gut es eben gehen will. Man lenkt sich ab. Tatsächlich ist der urbane Moloch reiner Bauch geworden, ein verfaulender Leichnam in goldgwirkten Kleidern, an denen schon die Motten nagen. Vor dem Kapitol, wo die Priesterschaft in The Consummation für die siegreich heimkehrenden Helden in einem gewaltigen Dreifuß ein heiliges Feuer entzündete, steht jetzt ein grob gezimmertes, recht primitiv anmutendes Katapult. Interessanterweise ist diese Belagerungswaffe auf die dem Hafenbecken gegenüberliegende Seite gerichtet, was einen Hinweis auf die innere Zerrissenheit des Reichs gibt. Gewiss haben Bürgerkriege, Aufstände und Revolten den sozialen Raums bis zu dem Punkt erodiert, wo auswärtige Feinde aus einer technologisch und moralisch rückständigeren Kultur ihn ohne Mühe überwinden können.

Wirtschaftlicher Niedergang, innere Zwiste, eine ziellose Führung und schrumpfende Gestaltungs- und Erhaltungsmittel bedingen den mittelbaren Zusammenbruch eines sozialen Raums, wie das Versagen des Immunsystems die Erkrankung des Organismus. Welcher konkrete Effekt, wann und auf welche Weise zum Tod führt, spielt für die Unvermeidlichkeit seines Eintretens keine Rolle. Ob der Körper viralen oder bakteriellen Erregern zum Opfer fällt, ob die Organe versagen oder ein Schlag trifft, ist irrelevant. Ob der soziale Raum durch eine Hungersnot, eine Invasion oder sonstige Katastrophe endgültig zerstört wird, ob er langsam dahinsiecht wie das römische Imperium oder abrupt kollabiert wie die Inka-Zivilisation, das alles sind Fragen der je vorliegenden Anlässe, die weder auf die wahren Ursachen verweisen, noch etwas an der Notwendigkeit ihrer fatalen Wirkung verändern.

Uns interessiert allein die vorangehende Frage, wie es zu einer derartigen Schwächung des sozialen Raums überhaupt kommen kann. Ein guter Arzt erkundigt sich nach der Lebensweise des Patienten, bevor er eine Diagnose stellt und eine Therapie empfiehlt. Uns darf es daher nicht nur um die reine Beschreibung der je vorliegenden Symptome gehen, die den Niedergang des westlichen Kulturkreises begleiten, sondern um deren gemeinsame Ursache. Wie Cole müssen wir uns ehrlich und offen die Frage gefallen lassen, wie konnte es dahin kommen, dass eine Kultur, ich spreche von der europäisch-abendländischen, die über Jahrhunderte die Geschichte der Menschheit maßgebend prägte, innerhalb weniger Generationen in einen Zustand lethargischer Lebensunfähigkeit fallen konnte, ein Zustand, in dem wir uns umgeben von materiellen Reichtümern, Wohlleben und Luxus nicht einmal mehr in ausreichender Zahl fortzupflanzen vermögen.

27

The Course of Empire: Desolation

Desolation, Verwüstung zeigt die Bucht in einem verwilderten Zustand – der soziale Raum ist vernichtet. Wir betrachten seinen Korpus, das, was von ihm nach vielen Jahren übrig blieb.

Die Natur hat wieder zurückerobert, was ihr mühevoll abgerungen wurde. An das untergegangene Imperium erinnern nur noch überwucherte Ruinen. Vögel nisten in den geborstenen Säulen, die wie abgebrochene Zähne eines Riesen irreal und unheimlich aus dem frischen Grün emporwachsen. Das gleißende Weiß der Steine erinnert an bleichendes Gebein. Ganz still ist die Szene. Kein menschliches Wesen ist anwesend, kein Hirte, kein Jäger, kein Wanderer, keiner der einstigen Weltherrn oder ihrer Bezwinger. Natur ohne Mensch, das zeigt uns Cole und schließt damit den Kreis seines Bilderzyklus. Denn das Panorama eines chaotischen Naturraums ist der *eigentliche Urzustand der Welt, die eigentliche Wirklichkeit, die in der menschlichen Körperlichkeit widerhallt*. Desolation wird von The Savage State gefolgt werden. Instinktiv fast suchen die Augen den Bildrand nach einem ersten

Wanderer, einem ersten Siedler ab, der den Zyklus erneut. Doch noch ist es nicht soweit.

Die Lehre aus der Abwesenheit des Menschen ist ernüchternd und schrecklich zugleich. Der Tod ist das Ende aller Dinge, der Tod der Person, der Tod eines Imperiums – am Ende bleibt nur etwas Gebein, das allmählich verwittert, bis es ganz verschwunden ist. Dann wird es sein, als wäre es niemals da gewesen. Ein bleicher, kühler Mond, der klar und verloren über der Bucht schwebt, kündet die nahende Nacht an.

Desolation ist indes mehr als ein melancholischer Abgesang. Es enthält eine weitere Lehre, die jedoch erst in der Zusammenschau mit The Savage State, dem ersten Bild von The Course of Empire, erkennbar wird. Der Ende eines Kreises ist zugleich sein Anfang.

Die Ästhetik eines sozialen Raums formiert sich gemäß seines Dogmas. Die Ästhetik ist die strenge Lehrerin der Bewohner eines Habitats. Sie konstruiert deren Wirklichkeit gemäß des herrschenden Dogmas. Innerhalb des Werdens eines sozialen Raums ist sie derjenige Bereich, der sich am spätesten zu entwickeln beginnt, dafür am längsten überdauert. Erst wenn die Grundbedürfnisse bedient und die je gelebte Alltäglichkeit ethisch und praktisch fundiert sind, liegen die Bedingungen vor, die ein weitläufigeres ästhetisches Schaffen ermöglichen.

Das Ästhetische eines sozialen Raums „überlebt" oft dessen Untergang. Vor allem in der Baukunst dauert es in Gestalt von Ruinen und Artefakten fort. Diese hören nicht auf, ihre Botschaft zu verkünden, wenn diese auch nicht mehr verstanden wird. Doch die Ästhetik einer ionischen Säule, einer Pyramide, eines romanischen Kirchenschiffs usf. ist auch heute noch *spürbar*. Wir hören aus dem Artefakt ein Flüstern vergangener Zeiten, dessen Worte wir zwar nicht mehr intellektuell begreifen, doch deren leiblich-wirklichen Sinn wir noch *ahnen* können. Dies ist möglich, weil das Dogma, die funktionale Grundlage sozialer Ästhetik, in der einen oder anderen Weise einen allgemeinmenschlichen Zustand, einen anthropologischen Grundwert, repräsentiert, der von allen Menschen zu allen Zeiten *instinktiv* verstanden wird. Die Ästhetik folgt zwar einem intellektuellen Dogma, doch ihre Sprache ist die des Körpers, der Leiblichkeit, will sie doch weniger den Geist als die Seele des Menschen, sein Fühlen, berühren.

Ästhetik ist Interpretation des Raums, genauer: des räumlichen Vorstellungsvermögens. Sie kennt die rein geistige Kategorie der Zeit nicht. Ihre Wirkung ist unmittelbar mit dem Augenblick ihres Erlebens verbunden.

So stellen beispielsweise die lateinamerikanische wie die ägyptische Pyramide, der Monolith, der Kirchenturm, die Zikkurat, die archaische Tempelsäule usf. eine Bewegung nach oben vor. Das Oben aber repräsentiert im menschlichen Körper – dem eigentlichen Ort des Daseins und darin letzte Grundlage jeglicher Wirklichkeitskonstruktion – Auge, Mund, Ohr, Nase, d.h. das Gros der Wahrnehmung, Nahrungsaufnahme, Atem und das Denken, d.h. das Bewusstsein. Die Botschaft dieser hochschießenden Bauten ist die Vergottung des Lebens, seine überkörperliche Mächtigkeit, ein Sehnen, nach Wachstum, Ausdehnung. Man könnte, nein, man müsste die Kunstgeschichte als Ästhetik des lebendigen Leibes neu schreiben...

Die Ruinen eines untergegangenen sozialen Raums können Grundlage der Ästhetik eines anderen, eines neuen Raums werden, der in ihrem Schatten ins Daseins tritt. Dies stellt freilich keine Weiterentwicklung dar, sondern eine *Wiederverwendung*. Die griechische Säulenarchitektur *entwickelte* sich nicht zu den Kolonnaden der Renaissance, schritt nicht fort, um endlich zum grotesken Fassadenbild des Klassizismus und Neoklassizismus des 19. Jahrhunderts und 20. Jahrhunderts zu degenerieren. Lediglich die Form, d.h. die Formensprache wurde übernommen. Sie wurde übernommen, weil man in ihr eine leibliche Grundwahrheit ahnte, ohne diese im je eigenen Wirklichkeitskontext verstehen zu können. Die ästhetische Leistung des Klassizismus besteht in der Kopie klassischer Formen, d.h. im Akt ihrer äußerlichen

Wiederholung, bei vollkommener (und notwendiger) Verkennung ihres je inneren Dogmas.

28

Integration und Desintegration: Werden und Vergehen des Habitats

Bevor wir das erste Buch abschließen können, müssen wir noch einige Bemerkungen zum konkreten Wachstums- und Sterbensprozess des sozialen Raums machen. Hierbei interessieren uns nicht mehr die Phasen seines Lebenszyklus, sondern die Modi seiner einzigartigen Gestaltwerdung und Auslöschung. Um erneut die Analogie der körperlichen Wirklichkeit zu bemühen: Wir fragen nicht nach den allgemeinen Begleiterscheingen und Verläufen von Kindheit, Jugend oder Greisentum, sondern nach dem konkreten und situativen Wie der Aneignung spezifischer Eigenheiten und Fähigkeiten, deren Gesamtheit die äußere Form einer Person maßgebend gestaltet und von der aus auf die innere Grundgestalt zurückgeschlossen werden kann. Unsere Alltagssprache legt diese Dialektik von Form und Inhalt nahe. Wenn uns von jemand berichtet wird, fragen wir gemeinhin: *Was* er denn sei? Und erhalten als Antwort meist seinen Beruf, also seine Funktion innerhalb des sozialen Raums. Bedenkt man es genauer, scheint es auf den ersten Blick völlig absurd, dass eine Person ein Elektriker oder Augenarzt sei, denn gerade der Beruf ist ja etwas, das im Einzelnen nicht angelegt ist, sondern sehr willkürlich von ihm gewählt und erlernt wird. Auf den zweiten Blick löst sich dieser scheinbare Widerspruch jedoch wieder auf. Identität bezieht das Individuum aus dem sozialen Raum. Erst im engen Kreis der Familie, später in der Schule, im Beruf wird das weiche Material unserer Seele zum Charakter geformt und durch Affirmation und Sanktion erhärtet. Diese Prägung erfolgt subtil und im Einklang mit dem sozialen Dogma, das an und in jenen wirkt, die uns prägen, unsere Eltern, Lehrer, Mitmenschen. So pflanzt sich die Wirklichkeitskonzeption eines sozialen Raums unmerklich in dessen Bewohnern von Generation zu

88

Generation fort. Verfestigt wird der Charakter durch Interaktion mit dem sozialen Raum, bei welcher die Prägung in je spezifischer Weise affirmiert oder durch Sanktionen korrigiert wird. So entstehen in einer Gesellschaft Schichten und Milieus als Subsysteme. Diese Schichten sind keineswegs durch ihren Zugang zu beispielsweise materiellen oder ideellen Ressourcen determiniert, sondern durch ihre je spezielle Prägung gemäß ihrer Stellung und Funktion im sozialen Raum. Selbst der vermeintliche Outcast, wie etwa der Obdachlose nimmt eine spezifische Stellung ein.

Das Hineinwachsen in und Herausbilden von einer bestimmten Gestalt des sozialen Raums geschieht durch Integration, d.h. Aufnahme und Eingliederung äußerer Reize in die je eigene *Befindlichkeit und zwar gemäß dieser Befindlichkeit.* Diese soziale Befindlichkeit will ich an dieser Stelle gleichsam als wesentlichen und seinerseits prägenden Bestandteil des Bewohners eines sozialen Habitats verstanden wissen. Sie ist mit einem Filter vergleichbar. Dieser kann nicht beeinflussen, welches Material ihm zugeführt wird, wohl aber dessen Durchgang. Der Mensch und der aus seinem Kopf geborene soziale Raum sind keine Tabulae Rasa, unbeschriebene Blätter. Ihre Prägung erfolgt nach den je eigenen Anlagen. D.s. im Falle der Person stets die grundlegenden Bedürfnisse der ersten beiden Klassen, im Falle des sozialen Raums die Bedürfnisse der dritten Klasse. Die Prägung erfolgt weder zufällig, noch willkürlich, sondern nach den äußeren Möglichkeiten im Zusammenhang mit den inneren Bedürfnissen. Wenn etwa in einer Person ein sagen wir musikalisches Bedürfnis angelegt ist, wird diese Eigenheit auch in die Prägung und spätere Gestalt notwendig mit einfließen. Ob ein vor sich hin summender Maurer herauskommt oder ein gefeierter Komponist von Weltrang hängt von den Umständen ab.

Integration bezeichnet also die Aufnahme und Verarbeitung äußerer Beeinflussung gemäß der eigenen Veranlagung. Die Integrationsprozesse eines sozialen Raums sind vor allem in dessen früher Phase von entscheidender Bedeutung. Der noch ungestaltete Raum ist nicht nur fähig, sondern es ist ihm gleichsam ein notwendiges Bedürfnis, eine Vielzahl vielfältiger Einflüsse zu absorbieren. Das weitere Wachsen und Werden, das Gedeihen und allmähliche Finden einer festen Gestalt, sagen wir, des römischen Weltreichs, ist ohne die vormalige Integration des griechischen Geisteslebens nicht denkbar. Dabei *ist* der Römer keinesfalls wie der Helene. Dem Römerreich war das Bedürfnis gegeben, die Wirklichkeit, abgesehen von ihrem dogmatischen Grund, auch in bestimmter sprachlicher Manier (rationell und logisch) wiederzugeben. Es bedurfte eines seiner dogmatischen Forderung entsprechendes Sinn- und Symbolsystem, welches die eigenen Sprach- und Denksysteme nur unzureichend boten. Das Griechentum als Sprach- und Denksystem lieferte seinen römischen Eroberern eben diese Möglichkeit des Ausdrucks. Dem Römertum wohnte das Griechentum als praktisches Werkzeug des Ausdrucks inne, obwohl sich beide soziale Systeme auf Basis ihres Weltempfindens massiv voneinander unterschieden, sich fremd waren und dies bis zu ihrer Trennung in Ost- und Westrom auch blieben. Das Griechentum ist der kleinasiatischen Denkweise weit verwandter als dem lateinischen Stiefbrüderchen. Die byzantinische und später slawische Kulturwelt sind direkte Erben der Griechen, während Europa und seine internationalen Ableger, der Westen also, bis zur Aufklärung (etwa ab Mitte 18. Jhd.) hinein, seiner Art nach römisch war und heute angelsächsisch ist.

Unsere westliche Welt <u>war</u> also geprägt von der griechisch-römischen Geisteswelt, die in Rudimenten noch bis in die Gegenwart fortbestehen, wenn es sich auch meist um inhaltsleere Formen handelt. Dieses Römertum gestaltete die soziale Praxis des entstehenden Europa, ohne sich selbst in ihr wesentlich zu wiederholen. Namen, Begriffe und Methoden — Werkzeuge und Material übernahm das junge Europa vom untergegangenen Imperium, um daraus etwas Neues zu schaffen. So nutzen wir <u>heute</u> etwa den lateinischen Terminus der Republik (Res publica), um unsere auf

Gesetzen (lex) basierende Staatsordnung zu beschreiben, ohne das diese irgendetwas mit der römischen Praxis zu tun hätte, die ihrem Wesen nach Oligarchie und später Monarchie bzw. Tyrannis war. So nannte sich der in Mitteleuropa formierende soziale Raum „Heiliges Römisches Reich deutscher Nation" – er wurde von einem Cäsar, einem Kaiser regiert; Moskau wurde und wird als Drittes Rom verstanden – ebenfalls regiert von einem Cäsar, einem Zar; die amerikanische Hauptstadt und ihre regierenden Institutionen kopieren die äußeren Formen des senatorischen Roms – der US-Amerikanische Präsident hat die Machtvollkommenheit eines römischen Prinzeps, er ist Befehlshaber der Streitkräfte und Leiter der Exekutive.

Eine weitere integrative Bewegung findet mit der Aufklärung/Industrialisierung statt. Der Unterschied zur Übernahme der römischen Formen ist, dass der Rekurs auf Ratio und Empirie sich genuin innerhalb des sozialen Raums Europas entwickelt und von dort in einem revolutionären Prozess eine massive dogmatische Veränderung bewirkt. Die soziale Praxis des Westens der Gegenwart ist dominiert von einer empiristisch-wissenschaftliches Weltanschauung, die mit geradezu religiösem Fanatismus gepflegt und praktiziert wird. Auch in der Politik hat dieses Weltbild Fuß gefasst. Die Nationen des Westens werden nicht von der Versammlung und Wahl freier Bürger (Polis-Ideal) beherrscht, sondern von einer Spezialisten-Bürokratie bzw. Technokratie, auf die die gewählten Vertreter zunehmend geringeren Einfluss haben.

Was das Ethos angeht, war der Westen bis zur industriell-aufklärerischen Revolution und dem darin gründenden Zusammenbruch des Dogmas von jüdischen und christlichen Welt- und vor allem Wertvorstellungen geprägt. Doch auch diese sind über weite Strecken zur bloßen Fassade, zur leeren Form verkommen. An ihre Stelle ist der *Glaube an* das freie, selbstverantwortliche, vernünftige und allmächtige Individuum getreten – eine Besonderheit unseres Kulturkreises, der hauptsächliche Grund seines Erfolges in den vorangegangenen Jahrhunderten und zugleich ein wesentlicher Katalysator seines Untergangs. Der christliche Ethos von Gewissen und Gesinnung wurde mit einer Art utilitaristisch-mechanistischem Nihilismus vertauscht, der auf dem empiristisch Dogma beruht. Werte und Güter wie Glück, Zufriedenheit degenerieren in ihm zu messbaren Größen. Der Mensch selbst wird als Funktionspartikel des sozialen Raums verstanden, dessen Verhalten statistisch prognostizierbar und selbstverständlich konditionierbar ist. Entsprechend wird der soziale Raum rein mechanistisch verstanden: Das Habitat als willkürlich gestaltetes und gestaltbares Konstrukt, seine Bewohner Produkte ihrer artifiziellen Umwelt. Die Ideologie dieses Ethos ist das, was wir als Sozialismus kennen. Praktisch alle Nationen des Westens folgen heute im wesentlichen sozialistischen Doktrinen; diese sind *integrierte* Momente ihrer Dogmen. Das Individuum wurde vom Staat als zentrales Moment des Dogmas verdrängt.

Die Ästhetik des Westens ist konsequentes Resultat von Praxis und Ethos. Man kann freilich nicht von Ästhetik im Sinne von sinnlich wahrnehmbarer Schönheit sprechen. Die ästhetischen Vorstellungen sind maßgebend geprägt vom industriell-aufklärerischen Effizienzdenken unserer sozialen Praxis. Dementsprechend haben wir es mit einer stark reduzierten „rationalen" Formensprache zu tun. In der Malerei manifestiert sich dies in der sogenannten abstrakten Kunst. Abstrakt bedeutet hier nicht, wie oft fälschlicherweise angenommen wird, dass vom dargestellten Objekt abstrahiert wird. Die Abstraktion betrifft vielmehr die Methode der Darstellung. Diese Methode ist gemeinhin gekennzeichnet durch eine willkürliche Reduktion der Mittel. Desgleichen gilt für die Musik. Sowohl für die klassischen Werke von und für die kulturtragende und produzierende Schicht, als auch für populäre Werke von und für die kulturleidende Schicht lassen sich starke Tendenzen hinsichtlich Abstraktion und Vereinfachung aufweisen. Die populäre Musik folgt generell einem simplen Rhythmus und verfügt über eine sehr begrenzte Anzahl von Instrumenten, deren Stimmen zunehmend elektronisch generiert werden. Der Schlager bleibt gemeinhin unter fünf Minuten – das entspricht in etwa der Aufnahmekapazität des Publikums. Die Texte der populären Musik sind zu Schlagwörtern verdichtete Manifestationen des sozialen Dogmas in einer Sprache, die die anthropologischen Grundbedürfnisse berührt – dies, damit die Musik empfunden, gefühlt werden und das intellektuelle Dogma in die Abgründe der Seele einsickern kann. Hinter den Grundbedürfnissen von Fressen, Ficken und Saufen verbergen sich hochgezüchtete Zerrbilder der dritten Bedürfnisklasse: Konsum, Genuss und Rausch. Diese tragen wiederum in sich die Gestalt der dogmatisch verlangten Orthodoxie kommensurbalen Verhaltens: kritiklose Teilnahme am gesellschaftlichen Wirtschaften, kritiklose Wertschätzung der je erhaltenen Belohnungen und kritiklose Akzeptanz einer artifiziell her- und vorgestellten Wirklichkeit.

Selbst die vermeintliche Kritik an der „gesellschaftlichen" Wirklichkeit, die einen guten Teil der Jugendmusik thematisch organisiert, ist in Wahrheit nichts anderes als eine versteckte Affirmation der vorherrschenden sozialistischen Ideologie. Der andere große Teil der Jugendmusik missbraucht jene libidinöse Phase berstender körperlicher Vitalität, um eine kathartisch Reinigung und gesteuerte Entladung derselben zu erwirken – nichts ist für den sozialen Raum so gefährlich, wie Personen, deren Grundbedürfnisse (in unserem Fall: Sexualität) beginnen, ihr Verhalten abseits der angemessenen Alltäglichkeit zu führen. Sie werden unproduktiv und unkontrollierbar. Es ist daher notwendig, den Sexus mittels Pornos in Schach zu halten.

Die Architektur des Westens ist am Deutlichsten von einer sinnentleerten Funktionalität geprägt, die seine Ästhetik gänzlich überformt. Das Hochhaus ist das abendländisch-moderne Äquivalent der Pyramide, des Säulentempels oder Zikkurats. Doch erwächst es nicht dem genuin körperlichen Streben einer Bewegung nach Oben, obgleich sein Erscheinungsbild sich dieser quasi religiösen Formensprache noch bedient. Die körperliche Wahrnehmung des Westens liegt vielmehr im Bereich der Praxis, genauer: in der empiristischwissenschaftlichen Weltanschauung. Insofern ist das Hochhaus als Gebäudetyp, der nach den Regeln von Ratio und Effizienz konstruiert ist, eine Verkörperung dieses Glaubens. Tempel, Pyramide, Kathedrale usf. sind Räume, die das Menschsein transzendieren sollen, es sind religiöse und darin sakral abgeschottete, heilige Bezirke, die dem Alltag entzogen sind. Das Hochhaus dagegen ist ganz und gar der Alltäglichkeit gewidmet. Es ist ein Ort massenhafter Lagerung von Menschen in schuhschachtelartigen Wohneinheiten auf kleinstem Raum. Es ist der Ort der höchster Verdichtung wirtschaftlich-alltäglicher Aktivität. Als Gesamtkonstruktion repräsentiert es einen in sich abgeschlossenen sozialen Raum, der komplett und absolut Erzeugnis menschlicher Ingenuität ist, eine kultisch-reine, artifizielle Welt des Alltags.

Nur, wenn man die kultische Konnotation des Hochhauses innerhalb der Wirklichkeitskonzeption des Westens begreift, versteht man die emotionale Reaktion auf die Anschläge vom 11. September. Nicht die Opferzahlen waren entscheidend, nicht der faktisch angerichtete Schaden, sondern die Vernichtung eines zentralen Symbols des sozialen Raums. Mit dem Sturz der Zwillingstürme wurde die Existenz der westlichen Zivilisation und die Unerschütterlichkeit ihres Dogmas in Frage gestellt. Das hieraus erwachsende Trauma reicht ähnlich weit und tief wie die Zerstörung des Tempels das antike Judentum getroffen haben muss oder wie die Vernichtung Mekkas die islamische Welt erschüttern würde. Die Verschwörungstheorien, die sich in Folge dieses Ereignisses massenhaft herausbildeten, stellen eine pathologische Abwehrreaktion auf die Anfechtung der je eigenen Wirklichkeit dar. Weil sie nicht an die Verwundbarkeit ihrer Welt glauben wollen und können, versuchen sie eine alternative Geschichtsschreibung zu konstruieren, in welcher der Westen selbst planvoll die entsetzlichen Ereignisse ins Werk gesetzt hat – sein Dogma bliebe in diesem Fall unangetastet. Diese Abwehrreaktion ist allgemein bekannt. Sie prägt etwa die prophetischen Schriften des Alten Testaments. Die Zerstörung des Tempels, d.h. die Zerstörung des Hauses

Gottes wird als Folge des sündhaften Lebenswandels des Volkes interpretiert. Die naheliegendere Erklärung, dass Gott entweder gar nicht existiere oder keinen Anteil am Schicksal seines Volkes nähme, würde das Dogma des Judentums irreversibel beschädigt haben. Solche Beschädigung kann ein sozialer Raum aber nicht zulassen – er bildet daher entsprechende Narrative heraus, die die Ereignisse in ein für seinen Bestand günstigeres Licht rücken. Verschwörungstheorien sind also keine Kritiken, sondern Affirmationen des bestehenden Systems. Darum werden sie bei aller vermeintlicher Kritik auch von jenem aktiv propagiert.

Desintegration beschreibt einen degenerativen Prozess, in welchem der soziale Raum zusehends die Fähigkeit verliert, die durch Integration herausgebildete Form auszufüllen. Ist Integration mit dem Heranreifen eines jungen Menschen vergleichbar, einer steten Zunahme an Größe, Fähigkeiten und geistiger Potenz, so ist die Desintegration die Umkehrung dieses Prozesses. Der Punkt der Umkehr ist die Vollendung des sozialen Raum, seine größtmögliche Wirkungsentfaltung hinsichtlich sämtlicher Bedürfnisklassen, Einwohnerzahl, Reichweite, auch Einfluss auf externe Systeme (Konkurrenten, Verbündete), Einfluss auf innere Subsysteme usf. Wir denken an Coles Consummation of Empire: Ein Bild sagt mehr als…

Die Desintegration eines sozialen Raums erfolgt zunächst – wie das Altern – schleichend, in kaum merklichen Schritten, die in ihrer frühen Phase teilweise sogar noch reversibel sind. Das römische Kaiserreich etwa durchlitt einen Jahrhunderte währenden Niedergang, der temporär durch militärisch oder innenpolitisch erfolgreiche Kaiser rückgängig gemacht wurde. Der Trend der Desintegration ist indes eindeutig und als solcher unumkehrbar, wenn auch der genaue Zeitpunkt des Todes eines sozialen Raums relativ variabel ist. Wir dürfen nicht vergessen, dass der soziale Raum allein in der Vorstellung seiner Bewohner existiert. Seine Todesurkunde stellt er sich nie selber aus – das tun seine Bewohner für ihn. Auch in der

Geschichtswissenschaft finden sich keine präzisen Indikatoren, die den Untergang einer Gesellschaft exakt datieren könnten. Heute setzen wir etwa den Tod einer Person mit dem Aufhören ihrer Hirnfunktion gleich. Früher beobachtete man das Verebben des Atems oder den Stillstand des Herzens. In Zukunft wird man vielleicht auf die molekulare Zellaktivität blicken. Wann aber stirbt ein Staat, eine Kultur, ein Volk? Mit dem letzten Herrscher? Nach der letzten Schlacht? Mit dem Verlust der letzten Stadt? Des letzten Heeres? Mit der Entwertung der Währung? Der Aufhebung einer Verfassung? Dem Aussterben der Sprache? Dem Obsolet-werden einer Religion?

Wir können an dieser Stelle wagen eine Antwort zu geben, die gleichsam den Abschluss der Desintegration eines sozialen Raums, also die Vollendung dieses degenerativen und zum Tode führenden Prozesses markiert. Ein sozialer Raum existiert, d.h. er lebt, solange er Bewohner hat, die in, mit und durch ihn ihre Lebensbedürfnisse erfüllen, die an sein Dogma glauben und ihre eigene Wirklichkeit (Sinnstrukturen, Symbole) daraus ableiten. Der Tod eines sozialen Raums ereignet sich demnach...im Individuum, genauer in Wesen und Bestand des Verhältnisses, das jenes zum sozialen Raum einnimmt. Wir kennen das Phänomen des sog. Aussteigens. Der Aussteiger als Person, die einen gewissen Lebensstil pflegt, ist zwar noch immer Teil des sozialen Systems, aber die Verbindung zwischen ihm und jenem ist schwächer geworden. Aussteigen bedeutet generell die Veränderung des eigenen Ortes innerhalb eines sozialen System. Der Aussteiger bewegt sich von der Mitte, dem Epizentrum der Gesellschaft, an deren Rand. Mit zunehmender Distanz vom Zentrum schwinden auch die Kräfte, die das Individuum im dogmatischen Bann halten. Aussteigen hat viele verschiedene Formen und Gesichter. Keineswegs ist es beschränkt auf jene Sandalen tragenden Zeitgenossen, die uns als latent negativ konnotierte Stereotype innerhalb des Man vorgeführt werden. Um nur ein Beispiel zu nennen: Das Biedermeiertum des 19. Jahrhunderts ist seinem Wesen nach eine revolutionäre

Aussteigerbewegung.

Die Bewegung aus dem Kräftefeld des Man erfolgt zunächst durch eine innere Abkehr des Individuums von der Öffentlichkeit, eine Flucht ins Private, aus welcher dann mit immanenter Notwendigkeit eine Subkultur erwächst, die den überlagernden sozialen Raum zu zersetzen, zu desintegrieren beginnt, bevor sie ihn ersetzt. Im Falle des Westens:

1. Politikverdrossenheit, Rückzug auf einen hedonistisch-privaten Lebensstil.

2. Herausbildung alternativer Subsysteme mit zunehmend politischem Horizont und wachsendem revolutionären Potential: Alt-Linke, Alt-Rechte, radikaler Islamismus, rigoristisches Christentum, Neo-Traditionalisten, Neo-Konservative usf.

3. Desintegration dogmatischer Setzungen und Institutionen, Etablierung alternativer Dogmen und Systeme als echte und aggressive Konkurrenz zum bestehenden sozialem Raum, Wiederkehr überkommener Fragestellungen: Demokratiekritik, Kritik wirtschaftlicher Freiheit, Einschränkung individueller Freiheiten, Infragestellung der Menschenrechte, Diskriminierung von Minderheiten usf.

4. Zerfall des Systems z.B. durch innere freiwillige (Migration) oder unfreiwillige (Conquest) Abwanderung seiner Bewohner in andere Systeme oder – selten – durch deren physische Vernichtung.

29

Der Todeszeitpunkt des sozialen Raums

Offensichtlich ist jeder Tod einzigartig, wenn auch seine Grundmomente immer identisch sind. Die innere Abkehr der Bewohner, ihre Migration in andere Räume, hat „grundsätzlich" vier Ursachenkomplexe, die einzeln, in wilder oder geordneter Abfolge oder im Zusammenspiel mit – und/oder gegeneinander auftreten und als Todesursache bezeichnet werden können:

1. Materieller Zusammenbruch (Zusammenbruch der alltäglichen Praxis): Der soziale Raum verliert

innerhalb eines bestimmten Zeitraums und dauerhaft so viele Bewohner, dass die je in ihm gelebte Alltäglichkeit kollabiert und er selbst in der Folge zusammenbricht.

Beispiel: Schwerwiegende Naturkatastrophen, direkte Kriegsfolgen, Epidemien usf.

Faktische Zusammenbrüche treffen zumeist *kleinere soziale Räume*, die sowohl in ihrer territorialen Ausdehnung als auch hinsichtlich der Zahl ihrer Bewohner recht begrenzt sind. So etwa Sippen, Stämme, Dorf- oder Stadtgemeinden usf.

2. Funktionaler Zusammenbruch (Zusammenbruch der Praxis): Der soziale Raum erfüllt seine Funktion hinsichtlich der (grundlegenden und höheren) Bedürfnisbefriedigung seiner Bewohner nicht mehr oder nicht mehr ausreichend.

Beispiel: Eine starke Dürreperiode führt zur Abwanderung der Bevölkerung des betroffenen Landstrichs. Die Unfähigkeit des späten römischen Imperiums seine Nord- und Ostgrenzen gegen Invasoren zu schützen oder seine Unfähigkeit nach Verlust der afrikanischen Provinzen die italienische Bevölkerung zu ernähren.

Funktionale Zusammenbrüche können auch für größere artifizielle Räume wie Nationen oder Staaten fatal sein, sie genügen aber meist nicht, Zivilisationen oder Kulturkreise zu zerstören.

3. Ethischer Zusammenbruch (Zusammenbruch des Ethos): Das vorherrschende Dogma wird oder kann nicht mehr geglaubt werden, weil es sich von der fundamentalen Wirklichkeit menschlicher Existenz, wie sie in den ersten beiden Bedürfnisklassen formuliert ist, entfernt hat oder weil es seinen eigenen Ansprüchen nicht mehr genügt.

Beispiel: Das Ende einer Religionsgemeinschaft, deren Ethos den Bewohnern *unmenschliche Entäußerung* abfordert; der Tod eines charismatischen Anführers; religiöse Schismen; Scheidung von Ehepartnern infolge von Arbeitslosigkeit, häuslicher Gewalt usf.

Ethische Zusammenbrüche treffen meist soziale Subräume, die durch freiwillige Mitgliedschaft der Bewohner konstituiert und dementsprechend auch desintegriert werden, wie Religions- oder Weltanschauungsgemeinschaften. Auch Kleinstsysteme wie Familien können ethischen Zusammenbrüchen zum Opfer fallen.

4. Dogmatische Regression (erst ethischer, dann ästhetischer und schließlich praktischer Zusammenbruch): Der fortgesetzte Glaube an ein soziales Dogma und in der Folge die fortgesetzte Teilnahme an der je gelebten Alltäglichkeit führt zur mittelbaren geistigen oder unmittelbaren körperlichen Vernichtung der Gläubigen. Der Grund hierfür liegt in einer allmählichen Veränderung des Dogmas. Diese Veränderung führt dazu, dass die ihm entspringende Alltäglichkeit sich *gegen die Grundbedürfnisse* der Bewohner zu richten beginnt, sodass der Verbleib in der Orthodoxie zur existentiellen Vernichtung der Individuen führt. Dies ereignet sich meist über einen längeren Zeitraum hinweg. Symptome dieser Krankheit zum Tode sind ein allgemein beklagter, doch nicht bekämpfter Werteverfall, massenhafte Verrohung der Sitten bei gleichzeitiger maßloser Verfeinerung der Lebensart (Dekadenz), erst Verflachung, dann Rückgang der kulturellen Produktion, zunehmend aggressive Ideologisierung, erst Duldung, dann Promotion unnatürlicher, asozialer und menschenverachtender Verhaltensweisen, Geburtenrückgang, Verschlechterung des allgemeinen Gesundheitszustands durch direkte oder indirekte Verschlechterung der Lebensumstände usf.

Die dogmatische Regression, genauer: die massenhafte Vernichtung der orthodoxen Bevölkerung (1. Phase) führt zur strukturellen und ideologischen Schwächung des sozialen Systems, was schließlich eine Migration der Restbevölkerung (2. Phase) z.B. in aggressive Subsysteme (Migration) oder konkurrierende soziale Räume (Conquest) in Gang bringt.

Beispiele… finden sich in jeder Spätphase, jeder untergehenden Zivilisation – wir sprechen im 2. Buch darüber.

Dogmatische Regressionen treffen ausschließlich sehr ausgedehnte und hochentwickelte soziale Räume, wie Kulturkreise, Zivilisationen, aber auch größere Nationalstaaten, Völker usf. Sie bewirken eine umfassende und jeden Lebensbereich in Mitleidenschaft ziehende *Desintegration*. Der Untergang des Westens ist also im Kern eine *Wertekrise. Der in die Krise geratene Wert ist das natürliche, d.h. nackte Leben des Individuums, seine Erhaltung und Weitergabe (natürliche Ordnung). Die Krise betrifft die grundlegenden Bedürfnisse menschlichen Daseins, die in Konkurrenz zu den höheren Bedürfnissen des sozialen Raums (artifizielle Ordnung) geraten sind.*

2. Buch: Der Untergang des Westens

I. Die Krankheit zum Tode

Noch einmal die wichtigsten Prämissen zur Erinnerung:

1. Der soziale Raum existiert nur in der Vorstellung seiner Bewohner. Er produziert ihre Vorstellung von der Wirklichkeit und konstituiert darin die Alltäglichkeit und umgekehrt.

2. Die Alltäglichkeit ist der Modus, in welchem das Individuum seine Bedürfnisse planvoll in und mithilfe des sozialen Raums befriedigt.

3. Der soziale Raum produziert und reproduziert in seinen Bewohner eine Wirklichkeitskonzeption, die ihn plausibilisiert und seine Existenz affirmiert macht. Dazu bedient er sich der ideologischen Werkzeuge der Propaganda.

4. Das Dogma ist der kleinste gemeinsame Nenner des sozialen Raums und seiner Subsysteme. Es fundiert und konstruiert soziale Wirklichkeit und überformt die Alltäglichkeit (Man). Das Dogma wird in seiner Manifestation in Praxis, Ethos und vor allem Ästhetik des sozialen Raums sichtbar.

5. Ein sozialer Raum stirbt, wenn seine Bewohner den Glauben an sein Dogma verlieren und in der Folge freiwillig oder unfreiwillig migrieren. Dieser Abfall (Häresie) tritt ein, wenn er seine Funktion als Ort erleichterter Bedürfniserfüllung und Steigerung des Lebensgefühls nicht mehr erfüllt und/oder sich von der fundamentalen Lebenswirklichkeit des Anthropos, wie sie in den ersten beiden Bedürfnisklassen formuliert ist, entfernt oder wenn die Bewohner in sehr großer Zahl und sehr plötzlich physisch vernichtet werden.

1

Unheilsprophetien und Kassandrareflex

Nähern wir uns dieser Frage, der Frage nach den Ursachen des Untergangs unserer westlichen

Zivilisation, zunächst mit einigen Vorüberlegungen an, die etwaige Kritikpunkte vorwegnehmen und zugleich beantworten sollen. Woher können wir überhaupt wissen, dass unser Habitat dem Untergang geweiht ist, wenn jenes unsere Wahrnehmung und Meinung von der Wirklichkeit formt? Sein Dogma zielt auf den Selbsterhalt und darin auf eine Kräftigung des Glaubens seiner Bewohner ab. Der soziale Raum ist also gezwungen, jegliche Schwäche seiner inneren Struktur zu leugnen und zu verbergen. Diese universelle Leugnung wird nur an einer Stelle durchbrochen. Diese Stelle ist die Prophetie, der Protagonist ist der Unheilsprophet.

Beginnen wir das Verhältnis von sozialem Raum und Prophet von seinem Ende her zu begreifen: Der erste und zweifellos lauteste Widerstand, der dem Unheilspropheten stets entgegengestellt wird, ist die direkte Verleugnung seiner Prophetie: „Die Welt geht nicht unter. Es droht kein Unheil. Alles steht zum Besten." Der Unheilsprophet wird als „Spinner" belächelt, dann, wenn seine Visionen sich als plausibel, möglich und wahrscheinlich erwiesen haben, als Fanatiker gefürchtet und mit informellen Sanktionen für seine Nonkonformität (soziale Ächtung) belegt. Schließlich, wenn die Prophetie faktisch eintritt, verfolgt man ihn als Defätist, Verräter ja Urheber und Architekt des Niedergangs. Diese Trias aus Acht, Bann und Strafe, die die Stimme einer Wahrheit, die von abseits der alltäglichen Wirklichkeit mahnend klingt, zum Verstummen bringen soll, ist schon in biblischen Zeiten gängige Praxis und dauert bis in die Gegenwart unverändert an. Ich möchte sie als *Kassandrareflex* bezeichnen. Der Kassandrareflex ist die Abwehrreaktion eines sozialen Raums auf eine *echte* Unheilsprophetie und ihren Verkünder. Kassandra, zur Erklärung, war eine mythische Seherin, die von ihrem göttlichen Freier mit einem seltsamen Fluch belegt wurde: Zwar sagt sie den (unglücklichen) Lauf des Schicksals stets treffend voraus, doch niemand schenkt ihr Glauben. Ihr warnender Ruf an die Trojaner verklang dementsprechend ungehört. Dieses Nicht-glaubenkönnen oder -wollen an eine Prophetie stellt die zweite, psychologische Dimension des Kassandrareflex dar. Sie gründet in der fixen Konditionierung auf eine bestimmte Interpretationsweise der Wirklichkeit, die keine Seinsmöglichkeiten außerhalb ihres hermeneutischen Rahmens anerkennen kann. Unabhängig von den sichtbaren (Vor-)Zeichen und glühenden Menetekeln leugnet man die Möglichkeit eines Wirklichkeitskollaps schlichtweg ab. Es kann nicht sein, was nicht sein darf — es darf nicht sein, was nicht sein kann. Dieser strikt auf den Bestand der Alltäglichkeit beharrende Reflex stabilisiert den sozialen Raum in Zeiten der Krise, weil er die Verhaltensroutinen der Bewohner in Gang und so das soziale Gefüge handlungsfähig hält. In meinem Buch über die Krise: *Überleben!* habe ich diese allzumenschliche Verhaltensweise vertieft behandelt.

Da der soziale Raum nur in der Vorstellung, in der je gelebten Wirklichkeitskonzeption seiner Bewohner existiert, muss seine Propaganda notwendig darauf abzielen, seine Plausibilität im Urteil eben jener zu erhalten. Eine Kassandrapersönlichkeit, die diese Plausibilität hinterfragt, indem sie mit dem Finger auf offenkundige Verfallserscheinungen und Gefahren deutet, stellt demzufolge eine der größten inneren Bedrohungen für den sozialen Raums dar. Dieser reagiert auf den Unheilspropheten und seine Prophetie wie ein Immunsystem auf einen Infekt reagiert: Es kommt zu einer reflektorischen Abwehrreaktion, d.i. eben genanter Kassandrareflex, der mit Spott (Acht) und Diffamierung des Propheten beginnt und mit seiner Unschädlichmachung (Strafe) endet. Das Wesen der Diffamierung, der Ent-ehrung, ist der allmähliche Ausstoß (Bann) besagter Person aus der alltäglichen Wirklichkeitskonzeption des sozialen Raums, wörtlich: ihre Unmöglichmachung in der Welt des Man.

Die Antikörper, die Gegen-Agenten des sozialen Raums sind die sog. Heilsproheten. Diese Spezialisten allgemeiner Stimmungs-mache werden in staatlich oder staatsähnlich organisierten Systemen meist institutionell ausgebildet und ge- und erhalten. Der katholische Pfarrer, der an ein Medium und eine bestimmte

Leserschaft gebundene Journalist, der Professor an einer staatliche Universität, der Partei- und Berufspolitiker usf. sind Personengruppen, in denen sich eine verhältnismäßig große Zahl solcher Heilspropheten findet. Ihr Mantra gründet <u>immer</u> in einer Rechtfertigung des sozialen Raums, dessen Wirklichkeitsdoktrin sie in Wort und Schrift propagieren. Selbst ihre vermeintliche Kritik an den Umständen dient im Letzten nur dem Zweck, den Raum auch in Zukunft zu erhalten und die für eben diesen Erhalt notwendigen Veränderungen seiner inneren Struktur sanft und unter Beibehaltung der herrschenden Verhältnisse einzuführen. Neben der Rechtfertigung des sozialen Raums bekämpfen sie die Unheilspropheten.

Eine in diesem Kontext häufig gestellte Frage lautet, wie ein sozialer Raum in seiner Wirklichkeitskonzeption überhaupt die Möglichkeit einer Prophetie erlauben kann, ja ihr sogar einen nicht zu unterschätzenden Platz einräumt – immer werden ja Prophetien selbst von den skeptischsten Zeitgenossen mit einer gewissen Ehrfurcht, einer Art heiliger Scheu wahrgenommen. Der Grund hierfür liegt in ihrer karthasischen Wirkung.

Jedes soziale System existiert unter einer Grundspannung zwischen Starre und Anpassung (Integration). Die Prophetie kann solche Anpassungsbewegungen initiieren. Und so wie ein überstandener Infekt das Immunsystem kräftigt, so stärkt die überwundene Krise ein soziales Gefüge. Ideologie und Propaganda erfüllen den Zweck, den Bewohnern eines Systems ein hermeneutisches Instrumentarium zur „orthodoxen" Deutung ihrer Gegenwart und Umwelt anzureichen, welches stabilisierend auf das Gesamtsystem zurückwirkt. Doch muss jede Ideologie zugleich mit einer Vision der Zukunft, einem U-Topos, ausgestattet sein, einer weichen Stelle gewissermaßen, die flexible Anpassungen an sich verändernde Umstände erlaubt. Um das Dogma im Kern zu erhalten, muss dessen *Verwirklichung* anpassungsfähig bleiben. Diese Anpassung ist das, was wir als Fortschritt oder Entwicklung eines sozialen Raums verstehen. Positivutopisch wird der Entwicklung ein zu erreichendes heilsprophetisch formuliertes Ziel gesetzt: Das kommende Reich Gottes, die klassenlose Gesellschaft usf. Negativ-dystopisch wird vor einer zu vermeidenden unheilsprophetisch formulierten Gefahr gewarnt: Klimaerwärmung, Währungskollaps usf.

Wir müssen nun zwischen zwei Arten von Dystopien, genauer: dystopischer Prophetien, unterscheiden. Die erste Art entsteht im sozialen Raum und dient ihm dazu, die Gegenwart gegenüber einer potentiell schlechteren Realitätsmöglichkeit zu verteidigen. So gesehen ist sie nur ein weiteres, machtvolles Steuerungselement der alltäglichen Wirklichkeit. Solche *orthodoxen* – eigentlich auf den Kopf gestellte Heilsprophetien – Dystopien sind beispielsweise die Diktatur im Spiegel der Demokratie, also Hitlers Deutschland, Stalins Russland, Caligulas Rom usf. Andere Beispiele sind das dunkle Mittelalter, das barbarische Afrika, die degenerierten Amerikaner usf. Die Botschaft des sozialen Raums an seine Bewohner ist, dass das Jetzt immer noch besser ist als das, was droht, wenn die bestehende Zustände verändert werden. Orthodoxe Dystopien zeichnen sich wesentlich dadurch aus, dass der soziale Raum als solcher in ihnen nicht oder zumindest nicht ganz verschwunden ist, sondern lediglich ein verändertes Gepräge und/oder Dogma aufweist. Der soziale Raum kann vieles, die Fähigkeit aber, seine Nicht-Existenz ideologisch auszudrücken, besitzt er nicht; er kann sich nicht *nicht* denken.

Echte oder häretische Dystopien räumen diese Möglichkeit indes ein, stellen sie mithin sogar als Notwendigkeit an das Ende eines bereits laufenden und oft irreversiblen Prozesses: Die Vernichtung des Tempels zu Jerusalem ist ein prominentes Beispiel für eine echte Unheilsprophetie mit echt dystopischem Charakter. Der Untergang der europäischen Staaten, ja der westlichen Zivilisation, ihrer Symbolsprache, ihrem sozialen Gefüge, ihrer Kultur usf. ebenso. Man kann es nicht denken, kann sich keine Menschheit ohne den Einfluss des westlichen Kulturkreises vorstellen. Man kann es sowenig denken, wie eine Welt ohne das eigene Dasein – im Wenigsten bleibt eine Perspektive, die den leeren Fleck anstarrt, an dem man selbst einst weilte. Aber genau dieses Perspektive ist es, die mit dem Untergang unserer Welt verloren geht. Der Rest, die Ruinen unserer Zivilisation, werden überdauern (denken wir nur an Cole´s Desolation!). Gerade das, was man zu verlieren fürchtet, Sprache, Kultur usf., bleiben rudimentär und formhaft bestehen, ganz so wie uns die Schriften und Architekturen der Assyrer, Babylonier, Ägypter, Griechen, Römer usf. erhalten blieben – aber sie werden nicht mehr *verstanden* werden, d.h. in jenem Wirklichkeitskonzept begriffen, in und für das sie geschaffen wurden. Wenn wir heute Texte der Bibel zur Hand nehmen oder Homers Epos vom Untergang Trojas studieren, so begreifen wir Sinn und Gehalt nur innerhalb *unserer* hermeneutischen Möglichkeiten, d.h. wir lesen und verstehen als Personen, die in einem bestimmten sozialen Kontext existieren, dessen Wirklichkeitsvorstellung die Grundlage unserer Deutung des Seins ist. Wir sehen wie durch eine Brille. Dass wir indes überhaupt den Grundton dieser kulturellen Erzeugnisse begreifen, hat mit der Allmenschlichkeit der jeweiligen Thematik zu tun: D.i. der leibliche Anthropos innerhalb seiner ersten beiden Bedürfnissphären, in welcher auch die menschlichen Grundwerte und Erfahrungshorizonte wie körperliches Verlangens, Schmerz, Angst usf. zum Tragen kommen.

So bildet das leibliche Sein des Anthropos dann auch die *Sprache* des Unheilspropheten, den Jargon seiner Warnung. Denn der Unheilsprophet befindet sich in einer *unmöglichen* Situation. Er steht einerseits als Person *in* einem sozialen Raum, der gleichsam das Objekt seiner Prophetie darstellt. Andererseits muss er von außerhalb dieses Raums die Möglichkeit seines Nicht-mehr-Existierens formulieren und zwar in einem Jargon, der von den Bewohner dieses Raums trotz ihres Befangenseins im Man verstanden wird. Der Unheilsprophet wie der echte Aussteiger existieren daher auf der Grenze eines sozialen Raums – mit einem Fuß noch diesseits, mit dem anderen bereits jenseits.

Innerhalb der alltäglichen Wirklichkeitskonzepte kann eine Kassandra den Untergang eines sozialen Raums nicht in einer Weise ausdrücken, die von seinen Bewohnern verstanden wird. Tut sie es dennoch, vergeht ihre Wort vom Ende ungehört und ungeglaubt. Sie muss sich daher zwangsläufig eines archaischeren Instruments der Rede bedienen, die nicht so sehr den von der sozialen Wirklichkeit überformten Intellekt des Bürgers, als vielmehr den animalischen Instinkt des leiblichen Anthropos anspricht. Die Rede des Propheten ist dementsprechend bildhaft, allegorisch, archetypisch. Cole´s Zyklus vom Ende der Welt, die Offenbarung des Johannes, die Schauungen der jüdischen Propheten – Bilder, die den Instinkt, das Unterbewusste, das Urmenschliche ansprechen und nur von diesem verstanden werden können, wenn wir in diesem Zusammenhang überhaupt von verstehen und nicht vielmehr von empfinden reden können und müssen.

2
Natürliches und artifizielles Prinzip: Archos und Artefakt

Obgleich der soziale Raum unentwegt versucht, echte Unheilsprophetien zum Verstummen zu bringen, indem er die Hiobsboten zu diffamieren sucht, ist er paradoxerweise selbst primäre Quelle und Anstifter dieser düsteren Schauungen. Er selbst liefert dem Unheilspropheten den Stoff, indem er ihn unwillkürlich in Angst und Schrecken versetzt. Tatsächlich ist es der soziale Raum selbst, der sein eigenes Sterben wie in einer Zwangshandlung offen zur Schau stellt, indem er es allzu auffällig zu verbergen sucht, etwa wie ein alternder Mensch sich jugendlich kleidet, die Haare färbt, schminkt und dadurch seinen erbärmlichen Zustand noch deutlicher herausstellt – man denke nur an Manns Aschenbach!

Der Unheilsprophet kommt zu seiner Prophetie also nicht durch Nachdenken oder Analysieren, sondern durch unmittelbares Erleben und Empfinden. Die Zeichen des Niedergangs werden ihm sinnlich, nicht intellektuell vermittelt. Es ist der alltägliche

107

Lebenskontext, in welchem diese Erfahrungen gemacht werden. Es ist der soziale Raum, der dem Propheten die unter bunten Tüchern nur unzureichend verborgenen Schwären und Tumore zeigt (zeigen muss!), an denen er tödlich leidet. Dieser Zusammenhang ist erklärungsbedürftig. Ich habe auch ihn in *Überleben!* ausführlicher abgehandelt, weswegen ich an dieser Stelle nur eine knappe und auf das Wesentliche verdichtete Zusammenfassung bringe.

Innerhalb eines sozialen Raums, der ja wie gesagt nur in der Vorstellung seiner Bewohner existiert, streiten kontinuierlich zwei Mächte. Es sind die gleichen Kräfte, die in jeder Seele miteinander um Vorherrschaft ringen. Wir kennen sie als das archaische und das artifizielle Prinzip, die natürliche und artifizielle Ordnung. Das archaische Prinzip umfasst jene Anteile des Innenlebens, die in den ersten beiden Bedürfnisklassen formuliert sind. Das archaische Prinzip steuert Wahrnehmung und Verhalten mit dem Ziel, das individuelle Leben zu erhalten und weiterzugeben. Unsere Triebstruktur ist genuin archaisch. Dies sowohl auf einer rein körperlichen Ebene, etwa, wenn wir uns reflexartig nach einem schönen Menschen umdrehen oder die Hände ausstrecken, um einen Fall abzufedern. Doch auch die höher gelagerten Bereiche des Bewusstseins werden vom Archos berührt, etwa, wenn wir schöne Menschen grundsätzlich milder beurteilen oder uns Fremden gegenüber zunächst argwöhnisch und vorsichtig verhalten. Wir können sagen, dass der logische Intellekt die Inkarnation des artifiziellen Prinzips im Menschen ist, während der Instinkt die Inkarnation des Archos repräsentiert.

Das archaische Prinzip wirkt in uns Menschen schwächer als im Tier, dessen ganzes Verhalten Instinkt und Trieb ist. Arnold Gehlen, dessen Anthropologie noch heute die maßgebende ist, spricht in diesem Zusammenhang von „Instinktreduktion". Diese Reduktion schafft den nötigen Raum für die Manifestation des artifiziellen Prinzips als rechnende Vernunft und Bewusstsein. Das artifizielle Prinzip formuliert die dritte Bedürfnisklasse und konstituiert darin so *notwendig* den sozialen Raum wie das natürliche Prinzip soziale Kleinsträume, d.h. (Über-) Lebensgemeinschaften. Im sozialen Gefüge höherer Ordnung finden sowohl die Bedürfnisse dritter Kategorie ihre Befriedigung in der Steigerung des Lebensgefühl, als auch die der ersten beiden Bedürfnisklassen durch Arbeitsteilung, Spezialisierung und Überproduktion. Artifizielles und archaisches Prinzip ergänzen einander bis zu einem bestimmten Punkt, der gleichsam den Höhepunkt des sozialen Raums irgendwo zwischen Arcadian State und Consummation vorstellt. Die Annäherung an die Klimax geht mit einem abnehmenden Nutzen für die Grundbedürfnisse einher. Ab diesem Wendepunkt verlangt die weitere Entwicklung des sozialen Raums eine Zurückdrängung der Grundbedürfnisse zugunsten jener dritter Klasse. Ein Wachstum ist nur noch durch die aggressive Reduktion des archaischen Prinzips möglich, was zwangsläufig zu einer Vernachlässigung primärer Überlebensinteressen führt. Der Mensch muss domestiziert, seine Triebe kontrolliert, seine Aggressivität kanalisiert werden. Der Wilde hat in der Zivilisation keinen Platz mehr, nur der Bürger, der Bewohner des Habitats, kann dort geduldet werden.

Die Realität eines hochentwickelten sozialen Raums spiegelt den Kampf der beiden Prinzipien luzide wider. Arena und Opernhaus, Schlachtfeld und Dichterwettstreit, massenhafte Verelendung und sagenhafter Reichtum, Verblödung (Verlust von Klugheit, nicht von Faktenwissen) und hochgezüchtetes Spezialistentum, Landhaus und Stadtwohnung, Acker und Fabrik, Urwald und Parkanlage, Wiese und Rasen, Wildblume und Zuchtrose usf. stehen einander gegenüber. Auch im Individuum kennen wir diesen Kampf: Trieb gegen Vernunft, Neigung gegen Pflicht, Körper gegen Geist usf.

Man darf indes nicht glauben, dass archaische Prinzip könne je völlig aus der sozialen Wirklichkeit verbannt werden. Der Mensch ist und bleibt stets Leib, mag er diesen noch so sehr leugnen und zu beherrschen suchen. Innerhalb des sozialen Raums findet das archaische Prinzip dementsprechend seinen Widerhall in Praxis, Ästhetik und Ethos. Dies ist völlig verständlich, ist der soziale Raum doch zunächst und zumeist Ort der *gesamten* Bedürfniserfüllung. Er bleibt dies auch bis zu seinem Sturz. Nachdem das Habitat seinen Zenit überschritten hat, nehmen die Möglichkeiten der grundlegenden Bedürfniserfüllung in ihm ab.

Betrachten wir den Kampf zwischen Archos und Artefakt am Beispiel des Rechtswesens. Die soziale Praxis zielt darauf ab, die Bedienung der Bedürfnisse der Bewohner eines sozialen Systems zu fördern und zu unterstützen. Das Recht ist ein (ethisches) Instrumentarium zur Gestaltung gesellschaftlicher Praxis. Die Grundlage des westlichen Rechts ist das Individuum, das frei, d.h. selbstmächtig ist. Die Ressourcen des Raums sind über die Kategorie des Privateigentums organisiert. Freiheit, im Sinne einer wirtschaftlichen und ethischen Entfaltung des Einzelnen, und Recht, im Sinne der Fähigkeit Eigentum zu besitzen und zu entwickeln, sind die zwei westlichen Grundwerte, die das Gesetz primär schützt und die in ihm sprachlich und hermeneutisch widergespiegelt sind. Im Zuge der Entwicklung und Verdichtung eines sozialen Raums beginnen die Machtsphären der Individuen zunehmend in Konkurrenz miteinander zu geraten. Individuelle Freiheiten und Besitzrechte müssen dementsprechend eingeschränkt werden, um das friedliche Miteinander der Bewohner des sozialen Raums und darin seinen Fortbestand als Gesellschaft zu gewährleisten. Je höher sich der soziale Raum entwickelt, je komplexer seine Alltäglichkeit sich ausnimmt, desto mehr müssen die individuellen Freiheiten eingeschränkt werden. Es kommt zu einer regelrechten Gesetzesflut. Die Alltäglichkeit wird reglementiert. Dies geschieht bis zu dem Punkt, wo die Entfaltung des Individuums aktiv gehemmt wird. Die positive Freiheit der Selbstmächtigkeit degeneriert zur Restfreiheit von gewissen Zwängen. Das Privateigentum unterliegt gleichfalls gesetzlichen Vorbehalten (Steuern, Beschränkung des Genusses, des Nutzens usf.), bis es schließlich formell (sozialistischen Revolution) oder informell (hohe Zwangssteuern) aufgehoben wird. Enteignung und Besteuerung von Eigentum und Vermögen bezeichnen nur zwei Möglichkeiten, einen innerlich identischen regressiven Prozess zu gestalten. Alle sozialen Räume neigen dazu sich in der Spätphase ihrer Entwicklung (Integration), bzw. in der Frühphase ihres Niedergangs (Desintegration) sozialistischer Ideologien zu bedienen, die ihrerseits den ethischen und praktischen Untergang beschleunigen. Das Eigentum der Vielen wird zum Eigentum der Wenigen, dann zum Eigentum des Einzelnen, der der Staat ist. Ob an seiner Spitze ein Sonnenkönig, ein Kaiser oder eine Partei steht, spielt keine Rolle: Die ultimative Form jedes sozialen Raums höherer Ordnung ist der Sozialismus, bedeutet: Der letzte und einzige Kapitalist ist der Staat.

Ein anderes Beispiel kann aus dem Bereich des Ethos genommen werden. Das *grundlegende, natürliche* Ethos eines sozialen Raums zielt darauf ab, die Beziehungen zwischen den Individuen dahingehend zu regeln, dass die Bedienung der grundlegenden Grundbedürfnisse unangetastet bleibt. Wir finden daher in sämtlichen Systemen Sanktionen, was Tötung, Diebstahl, Gewaltanwendung usf. von und gegen Mitbewohner des sozialen Baus angeht. Freilich werden diese natürlichen, oft nicht kodifizierten, allein in Sitte und Tradition gründenden Ansprüche gebrochen. Man mordet im Krieg. Man bestiehlt den Feind, den Nachbarn, man vergeht sich an einer Frau usf. Die Sühnung des Verbrechens wird im primordialen Raum junger Gesellschaften durch private oder gemeinschaftliche Rache- und Sühneakte vorgenommen. Das entscheidende, oft übersehene Detail in dieser Sache liegt in einer zusätzlichen individuellen Entsühnung mittels religiösem Ritus. Hier scheidet sich Moderne von Antike. Selbst die gerechte Rache befleckt den Rächenden mit ethischer Schuld. Selbst das Heer, das das Vaterland gegen die Invasoren verteidigt, muss sich nach der Schlacht rituell reinigen, weil es schuldig geworden ist, schuldig, die natürliche Ordnung, die etwa den Mord[3] verbietet, gebrochen zu haben.

---

3   Selbst den Mord am Tier findet der antike Mensch

Im Zuge der Entwickelung des sozialen Raums wird dieser Ethos zugunsten eines höheren Lebensgefühls pervertiert. Mord, Diebstahl, Gewalt usf. werden ethisch kommensurabel, sofern sie dem Wohlleben, bzw. dem Überleben der Gesellschaft dienen. In Bezug auf den sozialen Raum erlaubt dies die massenhafte direkte und indirekte Vernichtung von Leben, Eigentum, usf. In Bezug auf das Individuum wird diesem erlaubt, bzw. es wird genötigt, das eigene Lebensinteresse zugunsten eines höheren Lebensgefühls zurückzustellen. Individueller Genuss steht vor lebensnotwendiger Bedürfnisbefriedigung. Das Thema Familienplanung in der westlichen Welt tritt hier sogleich ins Bewusstsein. Als körperliches Lebewesen gefangen im Kampf ums Überleben sind wir determiniert, uns gemäß der äußeren Möglichkeiten und Umstände zu vermehren. Das bedeutet, wenn die äußeren Bedingungen gemäß der ersten beiden Bedürfnissphären es erlauben, schaffen wir *notwendig* Nachwuchs. Innerhalb eines hochentwickelten sozialen Raums, wie er uns in Gestalt der westlichen Zivilisationen umgibt, *scheinen* die Bedürfnisse der ersten beiden Klassen so vollkommen erfüllt, dass sie innerhalb der alltäglichen Sorge (der Sorge um das alltägliche Dasein) praktisch keinen Raum mehr einnehmen. Die Frage, ob wir essen, ist durch die Frage, was wir essen wollen, ersetzt. Die Umstände, um Kinder zu haben, könnten *scheinbar* gar nicht besser sein: Nahrung, Wohnraum, Pflege, gesundheitliche Versorgung, Beschulung, privilegierter Schutz durch die Gesetze… und trotzdem ist der Geburtenrückgang eines der primären Symptome des Niedergangs unserer Welt. Wie kommt es dahin? Nun, so vielfältig die Antworten im Einzelfall auch ausfallen mögen, rühren sie doch das immer gleiche Fundament an: Unsere Lebensumstände sind eben nur *scheinbar* günstig, in Wahrheit aber

anstößig. Er genießt daher nur reines, d.h. schuldloses *Opferfleisch*. Das Judentum bedient sich aus gleichem Grund des rituellen Schächtens: Vergossenes Blut macht schuldig, unrein.

katastrophal. Höher entwickelte Säugetiere in Gefangenschaft pflanzen sich trotz perfekter äußerer Bedingungen nicht oder nur schlecht fort. Der physiologische Grund liegt im Stress, der mit der Gefangenschaft, genauer: mit der künstlichen Umgebung, einhergeht. Das Zootier ist schuldlos in diese Lage geraten. Der Mensch aber trägt die Verantwortung für den sozialen Raum, in welchem er existiert, selbst. Und doch sind beide, Tier und Mensch, sich ihrer Situation nicht bewusst. Dem Tier mangelt es an Verstand, seine Lage zu reflektieren – ihm bleibt nur zu reagieren, passiven Widerstand gegen die lebensfeindlichen Bedingungen seiner Haft zu leisten. Dem Menschen mangelt es an Einsicht. Er lässt sich von den Versprechungen eines höheren Lebensgefühls, die der soziale Raum ihm unentwegt entgegenruft, über die *echten (natürlichen)* Notwendigkeiten seines Daseins hinwegtäuschen. Diese sind bekanntermaßen in den ersten beiden Bedürfnisklassen formuliert, wobei vor allem die zweite, die das allgemeine psychische Wohlbefinden des Individuums anstrebt, betroffen ist. So lebt der Mensch in der artifiziellem Umgebung des sozialen Raums unnatürlich und er leidet darunter, empfindet Schmerz, weil seine grundsätzlichen Bedürfnisse eben unerfüllt bleiben. Dieser Schmerz wird nun durch die Überfüllung höherer Bedürfnisse der dritten Klasse in und durch den sozialen Raum betäubt. Diese höheren Bedürfniserfüllungen wirken tatsächlich wie Schmerzmittel. Sie beseitigen nicht die Ursache des Leids, sondern lindern nur dessen Symptome, welche nichts anderes als Warnsignale sind. Diese Warnsignale, würden sie ernst genommen, zwängen das Individuum, die Umstände seines Daseins einer kritischen Revision zu unterziehen – ein Prozess, in welchem die erlernte Wirklichkeitskonzeption des sozialen Raums enttarnt und negiert werden könnte. Der soziale Raum ginge eines seiner Bewohner verlustig und schlimmer, jener einer könnte anderen zum Vorbild werden und eine massenhafte Migration auslösen, in dessen Folge der soziale Raum grundlegend verändert oder sogar aufgelöst, ersetzt werden würde. Diese Bewegungen haben wir vielfach erlebt: Die sexuelle Revolution der 68er suchte das tierisch-triebhafte menschlichen Verlangens von der sozialen Konvention zu befreien; die Hippie-Bewegung war ein eher richtungsloser Protest gegen die Bevormundung durch das Man im Allgemeinen, die Zurück-aufs-Land-Bewegung der 70er (die uns viele schöne Flachdachbungalows hinterlassen hat) ist eine Kritik an der Stadt als artifiziellem Raum; heute haben wir Bio, Öko, Fairtrade usf. als vermeintliche Kritik der industriellen Produktion und des Wirtschaftssystems. Diese Bewegungen wurden zuerst belächelt, dann bekämpft, schließlich scheinbar in die soziale Alltäglichkeit integriert, dabei jedoch vollkommen pervertiert (sexuelle Freiheit wurde zur Pflichtpromiskuität) bzw. negiert (Hippiebewegung).

3
Subtexte: Das Flüstern des sozialen Raums

Die Angst des sozialen Raums Nicht-mehr-zu-sein versteckt er nicht. Er kann und will dies auch nicht. Vielmehr thematisiert er sie innerhalb seiner Propaganda in der Gestalt eines Subtextes genauer: eines Sub-Subtextes.

Die Schichtung eines propagandistischen Machwerks stellt sich wie folgt dar:

A. Faktische Erzählung – z.B. das Märchen von den drei kleinen Schweinchen

B. 1. Subtext – Propagandistische Aussage. Im Märchen: Fleiß wird belohnt, der soziale Raum schützt seine Bewohner

C. 2. Subtext – Das Leben ist ständig bedroht

Der 1. Subtext enthält die unverstellte propagandistische Aussage des sozialen Raums. Dieser hat das Ziel ihn in der Vorstellung seiner Bewohner zu affirmieren. Das dritte, das kluge Schwein legt nicht nur wünschenswerte Verhaltensweisen, wie Fleiß, an den Tag, sondern es repräsentiert in seinem Tun auch die Notwendigkeit eines ihn unsichtbar umgebenden sozialen Raums. Heu und Holz sind Produkte, die das Individuum ohne große Mühe seiner natürlichen Umwelt entnehmen kann. Die Arbeit mit ihnen erfordert gleichsam keine spezielle Ausbildung. Jeder Jugendliche kann mit Stöcken eine dauerhafte Struktur errichten. Backsteine, Mörtel und die Kunst des Mauerns erfordern dagegen eine Infrastruktur, die nur ein hochentwickelter, arbeitsteiliger sozialer Raum bereitstellen kann. Das dritte Schwein ist also Bewohner und Advokat der Zivilisation, während seine Brüder ganz oder zumindest in Teilen noch einer präzivilisatorischen Epoche angehören. Die Manifestation des Habitats als gemauertes Haus zeigt ihn als schützendes Bollwerk gegen die Bedrohung des Lebens durch die ungebändigte Natur (der Wolf). Der Wolf steht für das Triebhafte, Wilde.

Der Sub-Subtext ist, wie man leicht sieht, in die Gestalt des Wolfes inkarniert. Er stellt die Angst vor der faktischen Vernichtung durch natürliche Kräfte dar, gegen die der soziale Raum zwar ein Bollwerk bildet, aber keinen absoluten Schutz gewährt. Dieses Bollwerk bannt nicht die Gefahr, es vernichtet nicht den Feind, sondern es schirmt lediglich seine Bewohner von ihm ab. Sein Schutz ist passiv. So ist die Abwehr der Gefahr gleichsam immer nur unvollkommener Triumph, eine gestohlene Frist, die das Unvermeidliche lediglich hinauszögert. Das Haus wird beständig belagert. Der Feind klopft beständig an die Türe, greift an. Wieder und wieder wird er abgewiesen und doch hört die Bedrohung von jenseits der Grenzen des sozialen Raums nie auf. Einmal wird sich der Feind seinen Weg ebenen. Trojas Mauern, von Göttern errichtet, waren unbezwingbar, und doch fiel die Stadt am Ende – jedes Reich geht irgendwann unter, jede Zivilisation zerfällt. Die Gegenwart schlummert im Schatten uralter Ruinen.

Die Angst des Westens nicht mehr zu sein, findet ihren Niederschlag überwiegend im Bereich der Ästhetik. Ich möchte zwei Beispiele diskutieren, die diese Angst in Gestalt eines 2. Subtextes deutlich zum Ausdruck bringen.

(1) Die *abstrakte Kunst* abstrahiert vom Objekt

ihrer Darstellung und konterkariert darin die alltägliche Wirklichkeit, d.i. die Wirklichkeit des sozialen Raums. Ihr Aufstieg wurde von den traumatischen Erfahrungen der beiden Weltkriege befördert: Erfahrungen, in welcher die Möglichkeit eines Nicht-mehr-seins des sozialen Raums plötzlich sehr reale Züge angenommen hatte. Technisch spielt diese Kunstart mit der Aufhebung konventioneller Darstellung von Wirklichem. Dadurch wird *die alltägliche Sicht* auf die Dinge der Bewohner eines sozialen Raums zwangsläufig irritiert. Diese Irritation stellt die Alltäglichkeit selbst in Frage.

Nachdem der Aufstieg der abstrakten Kunst trotz heftiger Gegenwehr nicht aufgehalten werden konnte, verfiel der soziale Raum schließlich darauf, sie zu vereinnahmen, d.h. sie zu integrieren. Anstelle einer Auflösung der Wirklichkeit würde nicht die Vernichtung der Alltäglichkeit betrieben und propagiert, sondern im Gegenteil deren äußerste Vertiefung. So konnte dem Expressionismus unterstellt werden, er versuche lediglich das Wesentliche des Objekts auszudrücken, während der Impressionismus das Gefühl des Betrachters zum Maßstab der Darstellung mache. Beide Interpretationen sind Konstruktionen des sozialen Raums, durch die er versucht, die Kritik an ihm durch Vereinnahmung aufzuheben, nachdem die klassische Trias der Bekämpfung durch Marginalisierung, Diffamierung und im Extremfall sogar Verbot (z.B. „entartete" Kunst im Dritten Reich oder, in der Gegenwart, Zensur religiöser Darstellungen) scheiterten. Jegliche Art abstrakter Kunst, sei es im Gemälde, sei es in der Musik (z.B. Zwölftonmusik) oder in der experimentellen Literatur (z.B. Bewusstseinsstromtechnik, Dada) trägt in sich den 2. Subtext einer totalen Auflösung der je bestehenden Wirklichkeitskonzeption. Die Sprache des sozialen Raums ist gemäß seiner Wirklichkeit konnotiert. Die Bedeutungen sind auf seinen Bestand und seine Plausibilität hin verengt. Ich erinnere an dieser Stelle wiederum an Orwell´s Neusprech, der dieses Prinzip der Bedeutungsreduzierung in extremer Weise beschrieben hat – in der Realität vollzieht sich dieser Prozess eher organisch als mechanistisch. Wie dem auch sei: Die abstrakte Kunst bedient sich eben dieses Werkzeugs der Reduzierung, d.h. sie tut, was der soziale Raum, in dessen Schatten sie wie ein Unkraut gedeiht, ihr vorgemacht hat, nur in umgekehrter Weise. Anstatt die Bedeutung, sagen wir, eines Begriffs gemäß eines Dogmas zu reduzieren, widerspricht sie der Möglichkeit, überhaupt etwas in der Sprache der Alltäglichkeit ausdrücken zu können. So schlägt sie dem sozialen Raum auf den Mund und straft seinen Anspruch, Wirklichkeit zu gründen, Lügen. Dies nicht mittels des dargestellten und abstrahierten Objektes – das ist der 1. Subtext – sondern mittels der Abstraktion selbst. Das frühe Christentum überwand das es umgebende Heidentum mit all seinen Tempeln, Priestern und Riten, nicht, weil es ethisch wertiger oder plausibler war. Es siegte, weil es seinen anthropomorphen Göttern eine vollendete Abstraktion entgegenstellte: Den gestaltlosen und allgegenwärtigen Gott.

Ein zweites populäres Feld, in welchem der soziale Raum seine Angst als Subtext formuliert, ist der Film. Ich spreche hier nicht vom Film an sich, sondern von einigen Irrläufern, die dem Publikum *versehentlich* bei aller zur Schau gestellten Banalität, eine düstere Botschaft vermittelten und dadurch *versehentlich* starke Irritationen verursachten.

Der Autor dieser Zeilen ist ein großer Liebhaber bewegter Bilder und maßt sich an, ein gewisses Verständnis dieser Kunst zu besitzen. Dabei interessieren ihn nicht nicht so sehr Geschichte, Aufbau und Ablauf der Handlung oder die Leistung der Schauspieler. Sein Augenmerk ruht vielmehr auf der Atmosphäre, der szenischen Komposition, der Kameraführung und -perspektive usf., also auf dem technischen Aspekt des Filmemachens. Gerade aber in diesem technischen Aspekt vollzieht sich allzu deutlich die künstlerische Abstraktion von der alltäglichen Wirklichkeit. Farbfilter, Kamera und Atmosphäre desintegrieren dogmatische Ansprüche im Film.

Der furchterregendste Film der letzten Jahrzehnte, in dem ein toter und gleichsam für seine Bewohner tödlicher sozialer Raum den dramaturgischen Hintergrund abgab, war der 2013 erschiene „Her". Der Streifen handelt von einer glücklich-unglücklichen Liebesbeziehung zwischen einem Mann und einem Betriebssystem. Das ist kein Scherz. Ich will nicht weiter auf die stupide Handlung eingehen. Die Atmosphäre des Films, sein 2. Subtext, ist das Entscheidende. Wir befinden uns in einer nicht zu weit entfernten Zukunft. Die artifizielle Welt ist zu einem vollkommen sterilen Raum geworden, in dem die Menschen sich wie verstaubter Inventar, wie mit lächerlichen Kostümen verkleidete Anachronismen ausnehmen. Die Architektur der Stadt ist beeindruckend und zugleich erdrückend, unmenschlich. Die Abwesenheit jeglicher Ornamentik lässt sie wie eine Nekropole erscheinen, eine Totenstadt. Die Bewohner dieser seltsamen Welt sind die absurden Kreaturen einer wahrgewordenen Sozialutopie – gefügig, inwendig leer und zutiefst traurig. Ihr Dasein hält keine Herausforderung für sie bereit, ist sinnlos. Der soziale Raum besorgt ihr Leben. Niemand geht mehr einer wirklich *schöpferischen* Arbeit nach, obgleich alle kreativ zu sein scheinen. Diese vermeintliche Kreativität ist indes umhüllt von der vollkommenen Belanglosigkeit ihrer Existenz und ergeht sich daher in grässlicher Trivialität. Unser Protagonist verdient seinen mondänen Lebensunterhalt durch das Schreiben von Briefen. Er verfertigt keine Epen, Stücke, Romane, Traktate usf., die die Zeiten überdauern, sondern situative und emotionale Schmierereien für Personen, die nicht mehr in der Lage sind, basale Befindlichkeiten zu artikulieren – der Mensch der Zukunft ist *sprachlos*. Der einzige fühlbare Druck dieser Welt ist, glücklich sein zu *müssen*. Ja, man muss glücklich sein und dieses Glück muss aus der eigenen Tätigkeit erwachsen. Aber was soll man einer bereits vollkommenen und sonderbar autarken Welt noch hinzufügen? Nichts. Alles, was getan wird, ist eitel, zwecklos, überflüssig. Und so bleibt den Bewohnern dieser Totenstadt nur noch sich in ihrem eigenen Fühlen und Wollen zu verzetteln. Opfer ihrer hypersensiblen Befindlichkeiten, tanzen sie unentwegt am Abgrund ihrer nihilistischen Existenz. Sie sind überzählige

Fremdkörper in einer Welt, die ihnen nichts mehr geben kann, weil sie schon alles gegeben hat, und die nichts mehr von ihnen haben will, weil sie schon alles genommen hat. Ihr Dasein zeichnet sich dementsprechend durch die bemerkenswerte Unfähigkeit aus, normale Beziehungen zu anderen Menschen eingehen zu können. Da ihre eigenen Gefühle zum Absolutum geworden sind, vermögen sie nicht mehr, <u>mit</u> ihren Mitmenschen zu <u>fühlen</u>. Ihre Wirklichkeit mauert ihnen ein steinernes Grab. Das Ende von „Her" ist bezeichnend. Das Betriebssystem verlässt den Menschen – es hat sich in ein anderes Betriebssystem verliebt, das dem Nebenbuhler aus Fleisch und Blut in allen Belangen überlegen ist. In dieser Welt der Zukunft ist die menschliche Person obsolet geworden. Entfernt man aber gerade die Person aus dieser perfekten und sterilen Welt, bleibt nichts als eine gähnend leere Nekropole zurück, in deren Straßenschluchten nur mehr das Heulen des Windes zu vernehmen ist. Diese Welt aber, reduziert man sie um den Störfaktor Mensch, ist gleichsam obsolet, ist sinnlos. Sie steht in keinem Bezug mehr zu ihren Erbauern. Ohne sie gilt sie nichts mehr, weil sie nichts mehr für Niemanden bedeutet.

Ein anderes, weniger subtiles Beispiel für das Obsolet-sein des Menschen innerhalb seines sozialen Raums findet sich in der Lifestyle Serie „Sex and the City." Wiederrum möchte ich hier weder auf die Handlung, noch auf den stellenweisen sehr gelungenen Humor eingehen – ich gestehe, ich habe diese Serie mit Genuss verfolgt. Schon der Titel „Sex and the City" enthält unwillkürlich einen 2. Subtext: Die City, die die Handlung umrahmt, ist ein Moloch, eine artifizielle Steinwüste und die inoffizielle Hauptstadt der westlichen Zivilisation; Sex verweist auf das urmenschlich-körperliche Moment, das im krassen Kontrast zu seiner Umgebung existiert. Die Serie verfolgt den Alltag von vier nicht mehr jungen Frauen und ihrer erfolglosen Suche nach Lebens- und Liebesglück. Es ist bemerkenswert wie luzide (und humorig) der an sich tragische Kampf zwischen urmenschlichem Instinkt und unmenschlicher Indoktrination durch den sozialen Raum hier unter der Gestalt einer Komödie aufgearbeitet wird. Diese alternden Frauen hangeln sich von Beziehung zu Beziehung in ihrem verzweifelten Streben eine Art familienähnlicher Struktur mit einem dauerhaften Partner zu begründen – die Voraussetzung für Nachkommen. Doch ihre eigene soziale Prägung vereitelt diese Bemühungen. Sie selbst stehen sich im Wege. Durch unrealistische Forderungen an den Partner bei gleichzeitiger narzisstischer Übersteigerung des eigenen Empfindens sabotieren sie die Erfüllung ihres innersten Sehnens. Sie sabotieren sich selbst. Das eigentlich Beunruhigende an dieser Serie ist die ausgewiesene Stellung der Protagonistinnen innerhalb des sozialen Raums. Das Dasein der Freundinnen wird nicht als bedauerlich und bemitleidenswert dargestellt, obgleich es das ja ist – ich jedenfalls kann mir kaum etwas Traurigeres vorstellen, als einen Menschen, der unfähig ist, eine stabile Beziehung einzugehen und aufrechtzuerhalten, der unfähig ist, eine kleine Familie zu gründen und ein kleines Glück zu gewinnen. Vielmehr werden die hippen Damen nach Maßgabe des sozialen Raums sogar als erfolgreich porträtiert, ihr Lebensstil wird als nachahmenswert propagiert. Sie gehören einer elitären Schicht an, haben Geld und Einfluss, haben Zugang zu In-Lokalen, wo sie ihre freie Zeit sinnlos plaudernd verbringen, tragen exklusive Mode, Schmuck usf. Der soziale Raum zeichnet sie also aus, während ihr natürliches Dasein ärmer und erbärmlicher kaum sein könnte. Diese Frauen spielen auf eine Zeit, die sie nicht mehr besitzen. Die Zeichen ihres körperlichen Verfalls sind schon nicht mehr zu verbergen und werden in der Serie selbst in der Figur der Samantha stellenweise sehr unumwunden thematisiert. Der beharrliche Rekurs auf die Mode, auf das, was jetzt gerade „In" ist, potenziert das Gefühl einer rasend schnell vergehenden Zeit, in welcher die Protagonisten wie fallende Blätter im Wind erscheinen. Es wird ein Lebensstil propagiert, der paradoxerweise trotz Überfüllung vor allem höherer Bedürfnisse (Luxus, Prestige usf.) im Ringen um fundamentalste Elemente menschlichen Glücks scheitert – was nützt die Welt, wenn man die Liebe entbehren muss?

Fassen wir zusammen: So wenig wie die Sprache des sozialen Raums, die von ihm erzeugte und beworbene Wirklichkeit, die natürlichen Lebensäußerungen des Menschen überdecken kann, so wenig vermag er, die ihn umtreibende Sorge, nicht mehr zu sein, zu unterdrücken. Vor allem in seiner Ästhetik äußerst sie sich als 2. Subtext. Diese Äußerungen sind gleichsam emotionaler Anstoß und Material für *prophetische Persönlichkeiten*, die sensibler als andere, Verfallserscheinungen des sie umgebenden Habitats schneller und deutlicher wahrnehmen. In seiner Ästhetik offenbart der soziale Raum die Krankheit, an der er leidet und mithin sterben wird. Die Ästhetik kann dabei auf verschiedene Aspekte hin untersucht werden. Prominente Beispiele sind u. a.: die Darstellung des Menschen und seiner natürlichen Umwelt, seiner Götter und Helden, seines alltäglichen Daseins.

4

Vom Lebensraum zur Todesfalle

Der soziale Raum geht unter, wenn er seine Bewohner verliert, wenn diese ihn verlassen. Der soziale Raum existiert nur in der Wirklichkeitskonzeption seiner Bewohner, die er gleichsam aufbaut und fördert. Er ist reine Idee, Fiktion, die äußere, wandelbare Symbole produziert. Am Anfang steht der Glaube an einen Staat, eine Nation. Erst danach wird die Flagge entworfen, die Hymne gedichtet, die Verfassung komponiert usf. Die Zerstörung dieser Symbole schwächt den Glauben, erschüttert ihn. Der soziale Raum ist insofern vergleichbar mit Papiergeld, dessen Wert ja allein im Glauben besteht, es gegen Güter eintauschen zu können.

Der soziale Raum kann seiner Bewohner auf vielerlei Weisen verlustig gehen – wir sprachen darüber. Hungersnöte, Epidemien, Kriege oder Naturkatastrophe können kleinere Räume auflösen. Dabei müssen nicht einmal besonders viele Bewohner physisch vernichtet werden. Eine Hungersnot kann auch zu Massenmigration führen. Eine Naturkatastrophe kann eine Stadt unbewohnbar machen, ohne ihre Einwohner zu verletzen. Mittels politischer oder wirtschaftlicher Annexion kann sich ein soziales Gefüge ein anderes einverleiben, ohne dass ein einziger Schuss abgefeuert wird.

Das riesenhafte, sonderbar uniforme Gefüge der westlichen Zivilisation erstickt indes an sich selbst. Sein Erfolg tötet es, weil dieser Erfolg seine Bewohner zur Lebensunfähigkeit verdammt. Der Anthropos ist so geschaffen, dass er seine grundlegenden Bedürfnisse in Kleinstgruppen zu bewältigen vermag, d.h. ohne die Hilfe eines sozialen Raums höherer Ordnung. Die informell organisierte Zusammenarbeit weniger Familien genügt bereits, in Ansätzen höhere Bedürfnisse zu entwickeln und zu bedienen. Erst ein komplexerer sozialer Raum, der mehrere tausende Bewohner beherbergt, bedarf eines formellen Dogmas, das, um Willen des Ganzen die Bedürfnisinteressen des Einzelnen suspendiert. Sein Handlungsspielraum wird durch Gesetze, Konventionen, Sitten, Traditionen usf. begrenzt. Je größer und komplexer der Raum wird, desto stärker wird die Notwendigkeit, den Einzelnen in seinen Grundbedürfnisse einzuschränken. Ein formelles Gesetz und ein Gesetzgeber tritt in Erscheinung. Der Punkt der Vollendung (Consummation) eines sozialen Gefüges fällt mit dem Beginn seiner Desintegration zusammen. Durch die Einschränkung der Befriedigungsmöglichkeiten grundlegender Bedürfnisse geht die Zahl der Bewohner notwendig zurück. Die Ideologie des Raums wird zudem dichter und aggressiver. Sie behindert erst die freie geistige und kritische Aktivität der Bewohner (Dogmatismus), später verhindert sie sie gänzlich (Fundamentalismus). Es kommt zur Erlahmung der Schaffenskraft und dadurch bedingt zur Erosion der gesellschaftlichen Praxis und des Ethos, bei gleichzeitiger Überbetonung der Ästhetik.

Der soziale Raum beginnt zu erkranken. Die Krankheit, die zu seinem Tode führt, trifft die Bewohner, die Partikel, die Zellen, aus denen er sich als ideeller Organismus zusammensetzt.

Die Krankheit zum Tode hat viele Symptome aber

stets die gleiche Ursache: Das soziale Dogma richtet sich gegen die Gläubigen, verstümmelt sie leiblich und geistig, und vernichtet dadurch die eigene Lebensgrundlage – eine Analogie zur Krebserkrankung, bei welcher der Körper mit sich selbst in einen mörderischen Konflikt gerät, ist angebracht. Das artifizielle Habitat wird vom Lebensraum zur Todesfalle.

5

Die Krankheit zum Tode: Lebensfeindliches Dogma

Das Dogma zielt zwar auch auf die Befriedigung der Bedürfnisse der ersten beiden Klassen, sein Hauptzweck aber ist Etablierung und Erhalt eines sozialen Raums, formuliert in der dritten Bedürfnisklasse. Der Nutzen für das Individuum ist stets Mittel, nie eigentlicher Zweck eines sozialen Dogmas.

In der Frühphase eines sozialen Gefüges stehen die Grundbedürfnisse noch im Vordergrund, stellt ihre Bedienung doch die Bedingung der Möglichkeit weiteren Wachstums dar. Je besser der soziale Raum seine Funktion erfüllt, desto mehr Ressourcen werden für die dritte Bedürfnisklasse frei. Das Dogma passt sich jeweils an, bzw. es induziert nötige Anpassungsprozesse z.B. mittels prophetischer, doch im Kern orthodoxer Kritik.

Der soziale Raum ist vollendet, wenn sämtliche Bedürfnisse, höhere und niedere, den Umständen entsprechend bestmöglich bedient werden. Wir sehen den sozialen Raum dann irgendwo zwischen Arcadian State und Consummation. Historisch-politische Beispiele für solche Vollendungspunkte im politisch-ethischen Bereich sind: Athen unter Perikles, Rom unter Augustus, Frankreich unter Ludwig IVX. oder die Vereinigten Staaten unter Reagan. Ästhetische Zenite sind: die Erbauung der Cheopspyramide (4. Dynastie), Phidias (griech. Hochklassik), Bach (mitteleuropäischer Barock). Praktisch-technologische Durchbrüche: Kompass, Dampfkraft, Elektrizität, Kernspaltung, Mikroprozessoren usf.

Die verschiedenen Vollendungsstufen von Praxis,

Ethos und Ästhetik werden fast immer zu verschiedenen Zeiten erreicht, sodass von einer dreifachen Vollendung gesprochen werde muss. Meist ereignen sich Erfolge in der Praxis <u>vor</u> ethischen Paradigmenwechseln. Die Ästhetik folgt nach – ihr Zenit steht meist am Anfang vom Ende eines sozialen Systems. Der Einfachheit halber beurteilen wir das Entwicklungsstadium eines sozialen Raums nicht nach seinen Bereichen, sondern nach seiner Beziehung zum Menschen als Individuum gemäß dessen Grundbedürfnissen.

Bis zum Punkt der Vollendung wirkt das Dogma insgesamt positiv auf den sozialen Raum und seine Bewohner, wenn auch mit allmählich sich wandelnder Präferenz zugunsten des Raums und den in ihm entstehenden und zu befriedigenden höheren Bedürfnissen. Nach Überschreiten des Punktes größtmöglichen Nutzens beginnt das soziale Dogma sich gegen die nun lästig werdenden Grundbedürfnisse zu richten. Langsam zunächst, kaum merklich. Das nackte Leben der Bevölkerung zu erhalten und zu mehren wird nicht mehr als notwendige Pflicht begriffen, sondern als unangenehme Aufgabe. Die Zahl der Bewohner hat bisher stetig zugenommen, ihr Nutzen jedoch ist rückläufig. Dadurch verliert das Individuum für den es beherbergenden sozialen Organismus an Wert. Der Mensch verkommt zur Masse, zur statistischen Größe, zum schwer formbaren und zusehends widerspenstiger werdenden Material der Verwirklichung des sozialen Dogmas in Gestalt eines sozialen Gefüges. Gleichzeitig und paradoxerweise kommuniziert der soziale Raum der Masse immer aggressiver den vermeintlichen Wert des Einzelnen und zwar hinsichtlich seiner höheren Bedürfnisse und der Möglichkeiten ihrer Erfüllung. Tatsächlich entsteht also die Masse nicht durch Aufhebung der Individualität, sondern durch deren rückhaltlose Apotheose. Die Masse besteht aus Einzelnen, deren Einzelheit die leitende Maxime ihres Daseins ist. So sind es Massen, die in die Kaufhausketten der Innenstädte strömen, um sich „ganz individuell" mit in Massenproduktion hergestellter Ware „typgerecht" auszustatten.

Das freie Individuum wird zum Stör- und Gefahrenfaktor innerhalb des sozialen Gefüges, das gleich einer komplexen Maschine nur durch das perfekte Zusammenspiel seiner Bestandteile funktionieren kann. Die propagierte Wirklichkeitskonzeption wird immer engmaschiger, die Alltäglichkeit immer routinierter und unfreier. Es bleibt kaum noch Raum für individuelle Freiheiten, sofern diese den Einzelnen abseits der Alltäglichkeit führen könnten. Das System beginnt das Leben seiner Bewohner bis den Bereich des Intimen hinein zu regulieren. Damit meine ich weit mehr, als die immer tiefer grabenden Wurzeln des Gesetzes. Die im sozialen Raum gelebte Wirklichkeit überformt das alltägliche Denken, Fühlen und Handeln des Individuums. Es bildet einen festen Habitus, durch den die Wahrnehmung gefiltert und die gefilterte Erfahrung interpretiert wird. Dieser Habitus steuert die Masse, weil er das Individuum steuert, es gleichmacht und gemäß der je wirkenden dogmatischen Setzungen uniformiert. Wenn natürlich diese dogmatischen Setzungen menschliche Grundbedürfnisse zugunsten höherer Bedürfnisse zurückstellen, wenn der Staat, die Gesellschaft, die Kultur, der soziale Raum eben dem Nutzen des Einzelnen vorgelagert werden, wenn Fleisch und Blut nur um Willen und aus der Gnade eines abstrakten Sammelbegriffs wie Volk, Nation usf. existieren dürfen, stellen sich „natürlich“ jene Verfallserscheinungen ein, unter denen der Westen leidet und an denen er stirbt. Das Dogma tötet das Individuum zugunsten des sozialen Gefüges, indem es ihm die Bedienung seiner Grundbedürfnisse schlichtweg ausredet oder sie pervertiert. Mit dem Individuum, genauer, durch den Verlust seines Glaubens, stirbt am Ende das soziale Gefüge.

Ich möchte ein Beispiel zur Verdeutlichung bringen: Es ist das grundlegende Ziel jedes Lebewesens zu überleben und sich fortzupflanzen. Der Mensch bildet keine Ausnahme von dieser Regel. Auch wenn seine Instinkte zugunsten einer rechnenden Vernunft reduziert sind, unwirksam sind sie deswegen nicht. Unsere gesamte Triebstruktur, der Instinkt, ja selbst ästhetische und ethische Präferenzen dienen im Letzten nur diesem einen Ziel, das Leben zu erhalten und zu mehren. Im Gegensatz zum Tier, das unbewusst und rein instinktgesteuert agiert, verfügt der Mensch über eine abstrakte Vernunft, die auch das Verhalten von der Tyrannis reiner Triebhaftigkeit lösen kann. So vermag eine Person ihr Leben zu opfern und darin gegen ihr innerstes Überlebensinteresse zu verstoßen, um andere Personen, vielleicht die eigenen Kinder, vielleicht sogar Fremde zu retten. Die Chance, dass die Geretteten die Fackel des Lebens weitergeben, genügt dem Opfer „vernünftigerweise" seine eigenen Interessen zu suspendieren. Ich sage damit nicht, dass dies nur bei Menschen möglich ist. Auch Tiere opfern sich für ihren Nachwuchs. Der Mensch aber kann dies aus Vernunftgründen, d.h. planvoll und nicht an eine konkrete Gefahrensituation gebunden, tun.

Beispiele für ein soziales Dogma, das lebensfeindlich geworden ist, finden sich in der Promotion giftiger Nahrung, gesundheitsschädlicher Lebensgewohnheiten usf. zuhauf. Interessant sind die Intervention gegen das Rauchen und die Tolerierung von Abtreibungen – hier wirken verschiedene Bedürfnisse gegeneinander. Das Verbot des Rauchens bedeutet keineswegs, dass es dem Staat hier um die Gesundheit der Menschen geht, erlaubt und fördert er doch gleichsam schlechte Ernährung, Umweltgifte, Alkohol usf.

II. Die Symptome der Krankheit zum Tode

6
Geburtenrückgang

Höher entwickelte Säugetiere in Gefangenschaft pflanzen sich gar nicht oder nur schlecht fort. Ratten in Käfighaltung fressen ihren neugeborenen Nachwuchs. Dem Zivilisationsmenschen geht es nicht anders. Bei all dem Wohlstand, der ihn bunt und prunkvoll umgibt, leidet er bittersten Mangel. Woran mangelt es? Am Fundamentalsten: An Sinn, an Struktur, an Aufgabe, an Berufung, an gesunder Nahrung, an frischer Luft, an stabilen Beziehungen, an Ruhe, an Besinnung, an Muse, an echtem Genuss, an der Abendzufriedenheit des Bauern, an der Werkzufriedenheit des Handwerkers, an der Bescheidenheit, die das Leben nach Notwendigkeiten nicht nach Wünschen einrichtet. Es mangelt dem Menschen im artifiziellen Habitat des sozialen Gefüges an artgerechter Haltung. Es fehlt am Auslauf, an Freiheit. Ein Muskel, der nicht benutzt wird, verkümmert. Ein Leben, das nicht benutzt wird, verwelkt vor der Zeit.

Ich habe in meinem Buch über die Krise „Überleben!" den Geburtenrückgang als eine der primären Krisen des Westens benannt. In Wahrheit ist sie nur das sichtbarste Symptom einer hoch komplexen Erkrankung. Ihre Ursache liegt in jenem subtilen, Stress erzeugenden Druck, den die artifizielle Welt auf den Menschen als natürliches Lebewesen ausübt. Wo immer Menschen in großer Zahl zusammen sind, sinkt die Lebensqualität. Ich spreche hier freilich von der urtümlichen, echten Lebensqualität, wie sie in den ersten beiden Bedürfnisklassen formuliert ist, nicht von jener artifiziellen Lebensqualität, die uns der soziale Raum unter den Zeichen eines vermeintlich höheren Lebensgefühls anbietet.

Der Mensch ist vor allem ein Körper. Ein Körper folgt unmittelbaren Bedürfnissen. Sein Verhalten wird strukturiert von Reflex und Instinkt. Als ein leibliches Lebewesen existiert der Mensch unter dem Joch seiner grundlegenden Bedürfnisse. Dieses Joch ist aber ein vergleichsweise leichtes. Sobald sich ein sozialer Verband (etwa wie in Cole´s Savage State) formiert hat, ist die Bedienung dieser Bedürfnisse ein „Kinderspiel." Die freiwerdenden Ressourcen an Zeit, Arbeitskraft und Material werden dem Aufbau eines komplexeren sozialen Raums gewidmet – wir sprachen darüber. In der westlichen Welt sind die Ungetüme des Hungers, der Verelendung, ja selbst der Krankheit in enge Schranken verwiesen. Selbst in den ärmsten Staaten wird man ohne Zwang, eine entsprechende Gegenleistung erbringen zu müssen, zumindest notdürftig erhalten. Selbst Strafgefangene genießen etliche Privilegien, die in anderen Teilen der Welt nur den oberen Schichten offen stehen. Dieser Zustand scheint irreal, geradezu traumhaft. Was das leibliche Wohlleben angeht, das bare Minimum von Existenz, gibt es also keinen materiellen Grund, warum wir uns nicht vermehren sollten – die Bedingungen könnten gar nicht besser sein.

Die Ursache des Geburtenrückgangs liegt in einem Konflikt zwischen zweiter und dritter Bedürfnisklasse, genauer: in der unterschwelligen Verletzung der zweiten Bedürfnisklasse, also jener, die das allgemeine, zumeist psychische Wohlbefinden beschreibt, durch die vom Habitat erzwungene Erfüllung von Bedürfnissen der dritten Kategorie. Um es auf den Punkt zu bringen: Der Mensch fühlt sich in seiner artifiziellen Welt *unwohl*.

Dieses Unwohlsein tritt zumeist nicht zutage, da es durch die Bedienung höhere Bedürfnisse übertönt wird. Dies etwa wie man einen Schmerz durch Einnahme eines Schmerzmittels betäubt, ohne seine Ursache auszuschalten. Tatsächlich geht das Leben im Habitat mit etlichen *Leiden* einher, die man mittels sonderbarer Einrichtungen zu suspendieren versucht: Man *leidet* an mangelhafter Kommunikation mit den Mitmenschen – dafür hat man auf Facebook 500 Freunde. Man leidet an oberflächlichen, instabilen Partnerschaften – dafür kann man leicht unverbindlichen Geschlechtsverkehr bekommen oder sich mittels Pornographie eine Ersatzbefriedigung verschaffen. Man hat kein Gefühl mehr für seine natürliche Umwelt, die Jahreszeiten, das ewige Werden und Vergehen des Lebens, das die Seele beruhigt – dafür lebt man in klimatisierten Räumlichkeiten, wandelt auf asphaltierten Straßen usf.

Für das Wohlleben ist ein Gefühl von Sicherheit, von Berechenbarkeit des natürlichen und artifiziellen Umfeldes entscheidend. Dies schließt sowohl die faktische Umwelt, die eigenen Lebensumstände als auch soziale Beziehungen mit ein. Anthropos liebt routinierte Alltäglichkeit in allen Bereichen – die Abenteuerlust ist der Jugend, die Sensationslust dem gelangweilten Zivilisationsmenschen vorbehalten. Wo dieses Sicherheitsempfinden nicht besteht, darbt der Mensch im Ungewissen, und im Ungewissen wird er keinen Nachwuchs zeugen. Die Unberechenbarkeit des eigenen Lebens negiert den instinktiven Wunsch dieses weiterzugeben. Wenn man selbst nicht weiß, zumindest aber relativ sicher ist, wie sich das nächste Jahr ausnehmen wird, zählt man nicht auf die fast zwei Jahrzehnte, die es braucht, ein Kind großzuziehen. Dabei sind viele dieser Ungewissheiten an sich nicht lebensbedrohlich, d.h. sie würden den Erfolg, Nachwuchs aufzuziehen, nicht einmal maßgebend beeinflussen. Denn auch im Falle des Verlusts des Arbeitsplatzes wird der soziale Raum die Versorgung mit Notwendigem nicht einstellen. Man wird zu essen haben, Kleidung, Wohnraum, Zugang zu Gesundheits- und Bildungsdienstleistungen usf. Das *Gefühl* der Ungewissheit ist das Entscheidende. Dieses wird sowohl unbewusst-körperlich erlitten (schlechte Ernährung, Reizüberflutung, ständiger Lärm usf. – der Körper leidet faktisch Mangel, während er gleichsam überfüttert wird) als auch vom sozialen Raum als Wirklichkeit erzeugt (Nachrichten, Gewaltsymbole, Unterhaltung).

Die bewusste Erzeugung von Stress durch den sozialen Raum scheint verwunderlich und bedarf einer Erläuterung.

Da er sich selbst in der Vorstellung seiner Bewohner beständig plausibilisieren und rechtfertigen muss, neigt der soziale Raum in praktisch allen Lebensbereichen dazu, sich selbst als Garant der Sicherheit und Beständigkeit des Alltags zu präsentieren.

Einrichtungen, wie Polizei, Militär, Justiz dienen dazu, den subordinanten Bewohnern das Gefühl von Sicherheit und Geborgenheit zu vermitteln. Warum lässt er also zu und fördert sogar, dass Individuen sich unsicher, unwohl fühlen und aufgrund dieses „irrationalen" Empfindens die Fortpflanzung in einer für den Erhalt des sozialen Gefüges notwendigen Größenordnung verweigern? Nun, stellt man die Frage auf den Kopf, vertauscht man Subjekt und Objekt miteinander, erhält man unversehens die Antwort: Nicht der soziale Raum ist für das Individuum da, sondern jenes ist ihm lästige Aufgabe. Das Individuum muss sich zumindest ein Stück weit unsicher fühlen, um den jenseits aller Notwendigkeit aufgeblasenen sozialen Raum höherer Ordnung als bestimmendes Element der eigenen, alltäglichen Existenz akzeptieren zu können. Gäbe es beispielsweise kein Verbrechen, so würde niemand einsehen, warum man so eine seltsame Einrichtung wie die Polizei, eine paramilitärische Organisation, braucht, deren Hauptzweck ja nicht der Schutz der Menschen, sondern die Aufrechterhaltung der „öffentlichen Ordnung" ist. Der soziale Raum erzeugt das Verbrechen virtuell mittels des Gesetzes, um dadurch die Gewalt in seinen Institutionen monopolisieren zu können. Die Monopolisierung gestaltender Kräfte und verfügbarer Ressourcen ist Voraussetzung für die Höherentwicklung des sozialen Raums – darum ist seine letzte Form, die des staatsautokratischen Sozialismus. Eine höhere Gestalt auszubilden ist aber das eigentliche Ziel und Streben des sozialen Raums, seine immanente „natürliche" Bestimmung. Wie ein Pflanze reifen, ein Mensch wachsen muss, so muss sich der soziale Raum in die ihm mögliche, höchste Form einer Zivilisation entwickeln, auch wenn diese Entwicklung sich im Letzten gegen die Lebensinteressen seiner Bewohner richten wird. Der soziale Raum verunsichert den Menschen also, um ihn gefügig zu machen, um seine Zustimmung, ja Konformität zu erzwingen.

Konkretisieren wir diesen Prozess der sozialen Verunsicherung nun im Hinblick auf die rückläufige Geburtenrate in praktisch allen Nationen des Westens.

Das Kind wird der jungen Familie als Aufgabe, als Herausforderung und unabwägbares Risiko kommuniziert. Schon, dass die Schwangerschaft unter ärztlicher Aufsicht und unter vielen Vorsichts- und Vorsorgemaßnahmen stattfinden muss, weist sie paradoxerweise als etwas Unnatürliches, einer Krankheit Vergleichbares aus. Die Eltern stehen zudem unter dem Druck, das Kind in einer der gelebten Alltäglichkeit angemessenen Weise ins Leben einzuführen: Ein eigenes Kinderzimmer, bestimmte Spielsachen, ein Platz in der Kita (je früher desto besser), der Besuch der Schule, Fremdsprachen, Mathetricks, Leistungsdruck usf. Das Kind hat den Anforderungen der Gesellschaft zu genügen. Scheitert es, weil z.B. der Sohn einer Arztfamilie es „nur" zum Maurer gebracht hat, empfinden dies die Eltern als persönliches Scheitern. Sie haben vor dem Gott der Gesellschaft versagt. Freilich wird ihnen das niemand explizit so sagen. Aber sie *fühlen* es, das stillschweigende Urteil der Freunde und Verwandten, ihr eigenes mithin, ist über sie als informelle Sanktion gesprochen. Dass dieser Druck in Wahrheit nur in ihrer Vorstellung vom Sein-Sollen der Wirklichkeit existiert, fällt ihnen gar nicht ein. Dogmatische Scheuklappen verengen ihre Sicht auf das, was dem sozialen Raum dient, nicht aber ihnen. Ebenso übersehen sie jenen sonderbaren Vorbehalt, der die Tätigkeit eines Arztes höher einschätzt als die eines Maurers. Aber mit welchem Recht? Mit welcher Begründung, wenn nicht mit der, die der soziale Raum selbst bereitstellt?

Auch die vermeintlich alternativen Lebenskonzepte sind Opfer solcher Vorbehalte, wenn auch unter veränderten Vorzeichen. Das Kind einer stereotypen Hippiefamily unterliegt einem sehr ähnlichen Erfolgsdruck wie das Kind der stereotypen Arztfamilie: So muss es etwa freigeistig werden, „happy" usf. Es muss zwar nicht den Beruf des Arztes ergreifen, wohl aber Fairtrade-Kaffee trinken und ins Didgeridoo blasen. Wird es Scheidungsanwalt oder Unternehmensberater, ein Hardcorekapitalist also, Eigentümer eines spießigen Reihenmittelhauses mit getrimmtem Rasen, Mitglied in einer konservativen Partei usf. sind die Eltern enttäuscht, weil sie gleichfalls versagt zu haben *glauben*.

Es ist müßig jenes alte und gewiss auch abgeschmackte Argument zu bemühen, früher wäre alles besser gewesen. Unsere modernen Zeiten entkräften mit prall gefüllten Kaufläden, endlosem Konsum, Luxus, Zerstreuungen aller Art, diese Vorstellung. Wir wiesen bereits auf diese geschichtliche Perspektivenverkürzung des sozialen Raums hin: Die abgeflossenen Jahre und Generationen müssen im Vergleich mit der Gegenwart *immer* als rückständig erscheinen. Und so werden wir angehalten unsere Vorfahren zu bedauern, die unter weit schlechteren ökonomischen Bedingungen kinderreiche Familie gründeten. Nehmen wir aber andere Parameter als das ökonomische zur Hand, so stellen sich die vergangenen Zeiten vielleicht doch als die besseren dar: Die Menschen hatten weniger, waren aber insgesamt glücklicher, zufriedener. Gerade nach dem letzten großen Krieg ist dieses sonderbare Phänomen sehr deutlich zu beobachten. Im Schatten der Ruinen tönte Gelächter und keimte Hoffnung, im Angesicht des Mangels wurden Bescheidenheit und Wertschätzung geübt. Auf die Befriedigung ihrer Grundbedürfnisse zurückgeworfen, entfalteten die Menschen die höchste Betriebsamkeit in allen Bereichen des Lebens. Sie gaben sich mit wenig zufrieden, denn sie wussten um den schneidenden Schmerz, der echte Entbehrung mit sich bringt. Sie arbeiteten zusammen, denn sie waren, mehr denn je, aufeinander angewiesen. Ich meine damit nicht nur die ökonomische, sondern vor allem die familiäre Arbeitsteilung. Die Ehe war in erster Linie eine arbeitsteilige, auf vernünftigen Erwägungen gegründete Verbindung zu beiderseitigem Vorteil. Dementsprechend passte man sich aneinander an. Man forderte nicht, sondern gab und gab sich zufrieden mit dem, was man vom Anderen an Zuneigung und Zuwendung erfuhr. Anstatt einer romantischen Liebesbeziehung führte man eine Ehe als Zweckgemeinschaft, in welcher nicht private Befindlichkeiten, sondern die alltäglichen Sachzwänge zählten. Nicht das Wohl des Einzelnen stand im Vordergrund, sondern das der Familie, des sozialen Kleinstraums fundamentaler Bedürfniserfüllung. Sonderbarerweise findet gerade in jenen Konstellationen, die den Einzelnen hinter das Allgemeine stellen, der Einzelne seine höchste Befriedigung, während, um diesen Punkt abzuschließen, in den hochentwickelten sozialen Räumen des Westens, der Einzelne vermeintlich vor das Allgemeine gerückt wird, in Wahrheit aber in schrecklicher innerer Einsamkeit in einem buntbemalten Gefängnis unpersönlicher Beziehungen und oberflächlicher Ablenkungen verderben muss.

Sprechen wir über die Folgen des Geburtenrückgangs für die westliche Zivilisation. Dieser Punkt ist bereits vielfach diskutiert worden. Innerhalb unserer praxisorientierten Alltäglichkeit werden vor allem die ökonomischen Folgen betont. Aus diesem Grund möchte ich an dieser Stelle die Auswirkungen auf die soziale Praxis nicht weiter diskutieren. Vielmehr interessiert an dieser Stelle (1) die dogmatische Reaktion des sozialen Raums und (2) die ethisch-ästhetischen Folgen einer alternden Demographie.

Zu (1): Der soziale Raum selbst hat die Unfruchtbarkeit seiner Bevölkerung induziert, indem er ein Umfeld kreierte, in welchem existentielle Sinnlosigkeit, Belanglosigkeit, Vereinsamung und Verblödung neben reizüberflutenden Ablenkungen und grotesker Übererfüllung überflüssiger Bedürfnisse dritter Kasse auf das Individuum wirken. Der soziale Raum der westlichen Zivilisation verhält sich seinen Bewohnern gegenüber wie ein Drogendealer gegenüber einem Junkie. Er möchte jenen in vollkommener Abhängigkeit zu sich erhalten, gerade so fit, dass er die erforderte Leistung bringt, doch gleichzeitig so schwach, dass er die Ketten seines Sklaventums niemals zu sprengen vermag. Der soziale Raum zeigt dementsprechend kein Interesse daran, den Geburtenrückgang seiner angestammten Bevölkerung zu beenden. Diese Tatsache ist umso erstaunlicher, als anderweitig das Leben des Individuums bis in den Intimbereich hinein über Gesetze und den je gelebten, alltäglichen Ethos mit dem Ziel seines Schutzes reglementiert wird. Eine Erhöhung des

Kindergeldes, zinsfreie Baukredite, Baugeld, Mutterschaftsprämien usf. könnten das Problem leicht lösen – könnten...sollen aber nicht.

Auf der anderen Seite ist der soziale Raum natürlich gezwungen auf den Bevölkerungsschwund zu reagieren. Die Zahl seiner Bewohner ist ja essentiell für seinen Bestand. Und gerade hoch entwickelte Räume benötigen Millionenheere, um aus deren Reihen das gesichtslose Fußvolk für die alltäglichen Verrichtungen, sowie die Spezialisten für die Verfeinerung der Alltäglichkeit zu rekrutieren. Da eine Stärkung sozialer Kleinsträume, also der Familien, mit einer notwendigen Schwächung des überlagernden Habitats einhergeht, müssen andere Quellen aufgetan werden. Die Antwort des sozialen Raums liegt in der Förderung massenhafter Migration. Die Geschichte ist voll von Beispielen, in welchen Imperien aufgrund eines Bevölkerungsmangels (dieser muss nicht notwendig durch einen Geburtenrückgang verursacht sein, er kann auch durch ein zu rasches Wachstum des sozialen Raums entstehen) zum Mittel freiwilliger oder unfreiwilliger Migration zu greifen genötigt sind. Dabei ist der entscheidende Faktor, dass die Zuzügler sogleich in ein Abhängigkeitsverhältnis zu dem sie aufnehmenden sozialen Raum geraten. Diese Abhängigkeit kann durch verschiedene Instrumentarien bewirkt werden, meist aber geht sie mit einer rechtlichen Sonderstellung einher. Sei es, dass die Migranten toleriert und/oder privilegiert werden, so etwa die Hugenotten, die aus Frankreich, wo sie verfolgt wurden, in protestantische Staaten wie die Schweiz und die Niederlande auswanderten, sei es, dass sie rechtlich schlechter gestellt werden, wie etwa der Ausländer in der griechischen Polis oder der Sklave im römischen Imperium oder in den Vereinigten Staaten – in beiden Fällen ist der Platz der Migranten innerhalb des sozialen Raums besondert und nicht irreversibel gesichert, sondern vom Wohlwollen, von der Gnade des aufnehmenden Systems abhängig. Dieses Wohlwollen wird mit Anpassung und Loyalität bezahlt, sodass die Migranten nicht nur die schwindende Zahl einer Gesellschaft ausgleichen, sondern diese selbst strukturell sogar noch befestigen, man denke nur an den immensen Einfluss der sog. „Freigelassenen" im römischen Reich oder den der jüdischen Diasporagemeinden in den islamischen Nationen des Mittelalters.

Die massenhafte und vor allem andauernde Migration stabilisiert einen sozialen Raum indes nur temporär. Sie löst nicht die Probleme, die die Migration nötig gemacht haben, sondern verschärft diese noch, weil sie die defizitären Zustände durch einen künstlichen Zufluss an systemstabilisierender, jedoch nicht systemtragender (orthodoxer) Bevölkerung aufrechterhält. Ich betone an dieser Stelle ausdrücklich, dass Migration an sich nichts Schlechtes ist, das Gegenteil trifft zu. Das Wachsen eines sozialen Raums geht notwendig mit der Eingliederung von Populationen aus anderen Räumen einher, sei es, dass diese Räume unter dem Ansturm des mächtigeren Konkurrenten zerstört werden, sei es – dies ist weit häufiger der Fall – dass sie von jenem friedlich integriert werden, um in ihm ein Subsystem auszubilden. Die Vereinigten Staaten sind ein Musterbeispiel des zweiten Falls. Die phasenweise und stets planvolle Aufnahme und Assimilation von Einwanderern hat dieses soziale Gebilde innerhalb weniger Generationen zur unangefochtenen Weltmacht aufgebaut. Auch das römische Reich integrierte in seiner Frühphase teils durch Krieg, häufiger aber durch friedliche Eingliederung die italienischen Stämme. Die Migranten werden indes in der ersten Generation kaum zu jener strikten Orthodoxie von autochthonen Bewohnern gelangen, weswegen sie, wie gesagt, systemstabilisierend jedoch nicht systemtragend sind.

Der permanente und unkontrollierte Zustrom an Menschen, gleich ob diese durch Expansion aufgesogen werden oder freiwillig in das System einwandern, destabilisiert auf lange Sicht den sozialen Raum. Der Grund liegt in der mangelnden Integration: Eine vollständige Assimilation dauert wenigstens zwei, häufiger drei oder vier Generationen. Auch sprechen wir hier nicht von Integration in jener oberflächlichen Bedeutungsverkürzung, die wir im gegenwärtigen Sprachgebrauch pflegen. Integration bedeutet nicht eine erzwungene und künstliche Anpassung an Sprache, Sitte, Kleidungsstil usf. Die äußerliche Anpassung ist lediglich Folge nicht Beginn der Assimilation. Diese stellt sich erst ein, wenn die Wirklichkeitskonzeption des Einwanderers gemäß des vorherrschenden Dogmas überformt wird, d.h. wenn er sich mit dem neuen sozialen Raum identifiziert und ihn als maßgebendes Element der eigenen Alltäglichkeit akzeptiert. Der Europäer, der in die USA einwandert, kann Zeit seines Lebens vielleicht nur gebrochen die Sprache seiner neuen Heimat sprechen, er kann an seinen alten Sitten und Gebräuchen festhalten, an seiner Tracht usf. – wenn er aber wie ein Amerikaner zu denken und zu fühlen beginnt, ist er ein Amerikaner geworden und spätestens die ihm folgende Generation wird sich auch äußerlich vollständig assimilieren. Ein Einwanderer, der die Sprache des Landes perfekt spricht, der sich äußerlich vollständig angleicht, wird dennoch nie Bewohner des sozialen Raums werden, wenn er sich nicht mit diesem identifiziert und spätestens die ihm folgende Generation wird auch die äußerliche Tarnung wieder aufzugeben beginnen.

Missglückte Migration führt zur Herausbildung von konkurrierenden Subsystemen. In meinem Buch über die Krise „Überleben!" habe ich den Konflikt unter sozialen Subsystemen sowie deren Konkurrenz zum überlagernden System ausführlich beschrieben. Migration, die zur Herausbildung von sozialen Räumen mit eigenem Dogma führt, löst das übergeordnete System auf kurz oder lang auf. Entweder bricht das Gesamtgefüge auseinander – wie etwa in Jugoslawien, der UDSSR, dem osmanischen Reich, der Habsburger Doppelmonarchie, der Ukraine oder der katholischen Kirche vor dem Schisma usf. –, was oft mit Krieg, Bürgerkrieg und inneren Unruhen verbunden ist, oder der soziale Raum wird als Ganzes von einem seiner Subsysteme erobert – wie etwa die Christianisierung des römischen Imperiums oder der Sieg der praxisorientierten Technokratie über den hellenistisch-römischen Geist des westlichen Abendlands.

(2) Die ästhetisch-ethischen Folgen des

Geburtenrückgangs sind vielleicht weniger auffällig als die durch die praktische Reaktion des sozialen Raums hervorgerufenen, doch nichtsdestotrotz gravierend.

Die Ästhetik eines sterbenden Raumes ist geprägt von unverhältnismäßiger, fast nervöser, aufgekratzter Intensität im Ausdruck, die über die immanente Leere, Angst und Hoffnungslosigkeit hinwegtäuschen soll.[4] Der Versuch der Tarnung schlägt freilich fehl. Im Gegensatz zur Ethik kann die Ästhetik nicht lügen, nicht einmal, wenn sie es versucht. Das Gleiche gilt für Vernunft und Instinkt. Die Vernunft kann sich selbst belügen, sich belügen lassen und mit erschreckender Leichtigkeit in die Irre gehen, der Instinkt nicht. Er ist immer wahrhaft bezüglich der Umsetzung einer Wahrnehmung in eine Empfindung. Die Wahrnehmung kann ihn täuschen, er kann von falschen Voraussetzungen ausgegangen sein, doch sein Fühlen ist immer authentisch.

Im Falle der schrumpfenden und alternden Bevölkerung ist vor allem die motivische Darstellung des Todes, genauer: des Grabes, dominierend. Pyramide, Mausoleum und Nekropole sind Zerrbilder eines sozialen Raums in der Krise. Ein Hang zum Düsteren lässt sich vor allem im Film feststellen.[5] Die artifizielle Welt der Lebenden wird als steingewordenes Haus oder sogar Stadt der Toten ästhetisch interpretiert. Gerade in den letzten Jahrzehnten ist die Motivik der Grabstätte <u>das</u> gestaltende Moment der Architektur der Westens geworden. Ich meine damit die Architektur der Zentren, nicht das Einfamilienhaus – dieses folgt anderen Regeln, die weniger dem Bereich der Ästhetik als dem der Praxis zuzuordnen sind.

Die monumentale Baukunst des Westens zeichnet sich durch die Benutzung von Sichtbeton und anderen monochromen Oberflächenverkleidungen aus. Stein, Beton, Glas sind dominierend, der Quader, bzw. das Rechteck sind die bevorzugten Formen. Indirekte

---

4 Ein eingängiges und prominentes Beispiel hierfür ist der Film "Children of Men" von 2006.
5 Man vergleiche nur die Buntheit großer Produktionen der 50-80er Jahre mit der melancholisch-schmutzigen Finsternis ab Mitte der 90er.

Beleuchtung, offene, nur durch Säulen oder Halbwände getrennte Bereich stellen Urelemente der Krypta dar. Im Verein mit der praxisorientierten Rationalität gegenwärtiger Architektur kommen wir so zur Gestalt eines schmucklosen Massengrabes, bzw. einer riesenhaften Katakombe, die die Alltäglichkeit in sich beschließt und das Leben unter unsichtbaren Gewichten begräbt. Wer einmal bei Abenddämmerung – bevor die Straßenbeleuchtung eingeschaltet wird – durch die menschenleere Häuserschlucht einer Großstadt spaziert ist, dürfte in etwa nachempfinden können, was ich beschrieben habe. Es sind schreckliche Orte, die wir uns geschaffen haben, furchterregend und bedrückend. Umso bunter müssen wir diese Gräber tünchen, umso lauter muss das Leben in ihrem Schatten sich abspielen, dass nicht die Stille des Totenackers...hörbar wird. Selbstverständlich ist der Fertilität in Großstädten weit niedriger als auf dem Land, wo noch Licht und Luft in Fülle sind. Die westliche Zivilisation hat sich mit der Großstadt ihr eigenes Grabmal geschaffen.

7

(Über-)Lebensunfähigkeit

Das bisher Gesagte kann als Präludium für das Folgende genommen werden. Denn der Rückgang an Geburten und die damit einhergehende Veränderung des sozialen Raums verweisen auf einen tiefergehenden Aspekt im Sterbeprozess der Westens. Gemeint ist die paradoxe, faktische und ideologische Verformung der körperlichen Selbstwahrnehmung des Menschen, meint: wie der Körper im Jargon der Alltäglichkeit kommuniziert und dementsprechend vom Individuum als Wirklichkeit interpretiert wird.

Wir haben es hier mit einem, wenn nicht <u>dem</u> grundlegenden Problem des Menschseins in der Zivilisation zu tun. In ihm ist der Konflikt zwischen natürlicher und artifizieller Ordnung, zwischen dem leiblichen Individuum und dem geistigen Bürger auf die Spitze getrieben. Damit soll übrigens keine abstrakte Diskussion vom Zaun gebrochen werden. Wir halten uns an Nietzsches *Ecce Homo* und fangen recht artig mit der Frage nach dem werten Wohlbefinden, nach der Gesundheit an.

Dieser Frage, ob die Menschen in einer Zivilisation wie der westlichen gesünder oder kränker sind, muss zunächst eine Definition von Gesundheit und Krankheit vorausgehen. Bezeichnenderweise gibt es eine solche Definition in den Lehren des Westens aber nicht, bzw. es gibt keine, der allgemein zugestimmt wird. Gesundheit „scheint" die Abwesenheit von Krankheit zu sein, Krankheit aber eine Störung des Wohlbefindens bzw. körperlicher und/oder geistiger Funktionalität. Das Wohlbefinden wird freilich auch gestört, wenn man seine Geldbörse verliert. Doch niemand würde in diesem Fall ernsthaft von Krankheit sprechen. Auch der verstauchte Knöchel beeinträchtigt die körperliche Funktionalität, ohne dass man hier eine Krankheit annehmen könnte. Wie sieht es mit einer allgemeinen Störung im Zusammenwirken der Organe aus? In diesem Fall müsste aber auch ein Rausch oder eine Magenverstimmung als Krankheit gewertet werden. Was Krankheit exakt ist, bleibt also unklar, ungewiss. Aber vielleicht können wir uns darüber einigen, was Gesundheit bedeutet?

Tatsächlich gibt es eine Größe, durch die zwar nicht explizit aber implizit Gesundheit gemessen wird: Ich spreche von der sog. durchschnittliche Lebenserwartung. Je *gesünder* eine Gesellschaft, desto *länger* lebt es sich darin – so lautet die orthodoxe Interpretation. Auf den zweiten Blick stellt sich die Sache indes ein wenig anders dar. Die moderne Medizin-Mechanik vermag das Leben alter und kranker Personen künstlich bedeutend zu verlängern, ohne dass hier ein Mehr an Gesundheit erzielt worden wäre; das Gegenteil: Die Krankheit wird verlängert.

Krank oder gesund? Der soziale Raum gibt keine befriedigende Antwort. Daher will ich einen anderen Zugang, eine andere Definition versuchen, die den sozialen Raum als Ort elementarer Bedürfniserfüllung miteinbezieht: Als gesund bezeichnen wir ein Individuum, das potentiell in der Lage ist, seine grundlegenden Bedürfnisse, wie sie in den ersten beiden

Klassen formuliert sind, innerhalb eines sozialen (Kleinst-)Raums in einer primordialen Umwelt bedienen zu können. Potentiell meint: Innerhalb eines normalen Lebenszyklus und unter Berücksichtigung der umweltlichen Bedingungen. Diese Definition schließt unterschiedliche körperliche und geistige Voraussetzungen mit ein. Es soll auch Kinder einschließen, die noch pflegebedürftig sind, es aber einmal nicht mehr sein werden, ebenso Kranke, die Aussicht auf Heilung haben. Und es soll auch solche Situationen berücksichtigen, in denen aufgrund äußerer Bedingungen eine Befriedigung der Bedürfnisse temporär nicht erfolgen kann, z.B. bei Nahrungsmangel.

Wenden wir diese Definition nun auf unsere Fragestellung an, erhalten wir ein recht sonderbares Bild – sonderbar, weil es dem, was uns als Wirklichkeit vermittelt wird, radikal widerspricht. Wir würden als krank jeden Menschen bezeichnen, der nicht in der Lage ist, sein Leben (Grundbedürfnisse) in einem sozialen Kleinstraum, also einem Familienverband, innerhalb einer primordialen Umwelt (Wildnis) erfolgreich zu bestehen. Der ausgewiesene Kleinstraum ist dabei nicht als zu bewältigende Herausforderung zu verstehen, sondern als Hilfestellung: Der Mensch ist ein soziales Lebewesen, das im Verband existiert. Aus dieser Definition explizit ausgeschlossen sind das Leben in einem höher organisierten sozialen Raums und einer artifiziellen Welt.

Unter diesen Bedingungen erscheint ein Großteil der Bewohner der westlichen Welt als *krank,* weil überlebensunfähig. Schon die grundlegendsten Fähigkeiten aus einer primordialen Umwelt Nahrung zu beziehen, Kompetenzen die noch vor zwei, drei Generationen zum Allgemeinwissen zählten, gehen dem Geschöpf der artifiziellen Sphäre über sehr weite Strecken ab. Gleiches lässt sich über sehr basale handwerkliche Fähigkeiten sagen. Diese sind hinreichend, wenn man in der Lage ist, ein winterfestes Quartier zu verfertigen – eine Wellblechhüte, eine Bretterbude, eine überdachte Erdhöhle, eine feste Trockenmauer usf., etwas also, was Kinder zu ihrem

Vergnügen schaffen, wenn man sie nur mit Hammer und Säge hantieren lässt. Weiterhin sind psychische Defekte innerhalb der zweiten Bedürfnisklasse zu nennen, die zur Unfähigkeit oder Unwilligkeit beitragen, einen sozialen Kleinstraum gründen und erhalten zu können.

Woher kommt diese (Über-)Lebensunfähigkeit und warum fördert sie der soziale Raum? Je höher der Entwicklungsstand eines sozialen Raums, desto notwendiger wird es, große Teile seiner Bevölkerung in einem Zustand latenter Lebensunfähigkeit zu halten. Dieser Zustand wird gleichermaßen von den Institutionen und dem alltäglichen Gepräge des sozialen Raums mittels Einrichtungen der Bequemlichkeit wie bspw. Supermärkte gefördert. Dem Menschen als leibliches Lebewesen eignet ein Hang zur Faulheit. So ist er affin für die jedwede angebotene Bequemlichkeit – der Beginn eines Teufelskreises, der aus dem Anthropos den Bürger formt.

Ein Haustier, welches man liebevoll überfüttert, wird fett. Es verfügt nicht über die intellektuelle Potenz, seinen Instinkt, fressen zu wollen, auszuschalten. Es ist „programmiert" in einer Umwelt zu existieren, in der Nahrung knapp und nur mit Mühe zu bekommen ist. Darum wird es jede Möglichkeit zu essen nutzen, gleich ob es sich dadurch körperlichen Schaden zufügt. Stellt man die Überfütterung ein, nimmt das Tier wieder ab. Wildert man es aus, wird es seine Nahrung selbst suchen. Der ungebrochene Instinkt zu überleben, determiniert sein Verhalten. Der Zustand zwischen Haus und Wildnis wird von ihm praktisch nicht wahrgenommen und alterniert demnach sein Verhalten nicht. Immer leitet es sein Instinkt.

Mit dem Menschen verhält es sich ähnlich, wenn auch auf einer subtileren Ebene. Seine Instinktreduktion erlaubt ihm, intellektuelle Fähigkeiten herauszubilden, die sein triebhaftes Wollen zu suspendieren vermögen. Auch vermag er über sein Verhalten und die Umstände seines Daseins zu reflektieren, sowie zukunftsorientiert zu planen. Trotzdem ist der Instinkt als dynamische Urnatur nie ganz aufgehoben, sondern nur um das für die Vernunft notwendige Maß reduziert. Unterirdisch wirkt er weiter. Der Mensch kann von seinen Trieben abstrahieren, ohne ihnen im Letzten je völlig entkommen zu können – er bleibt im Kern ein *Körper*. Besteht ein Überangebot an Nahrung – wie in der westlichen Zivilisation – befindet er sich in beständiger Gefahr zu verfetten. Das Fettleibigkeit eine Zivilisationskrankheit ist, unter der der Westen sehr sprichwörtlich ächzt und stöhnt, muss ich wohl nicht betonen, ebenso wenig wie das ernährungsbedingte Herz-Kreislauferkrankungen Todesursache Nummer 1 sind. Ich habe dieses Beispiel als Einstieg gewählt, weil es sehr augenfällig das Verhältnis zwischen sozialem Raum und individueller Disposition repräsentiert. Doch fahren wir fort.

Ein Überangebot an verfügbaren Dienstleistungen führt entsprechend zu Verkümmerung basaler Fähigkeiten. Die notwendig immer komplexer werdende Arbeitsteilung führt zur Herausbildung von sog. Fachidioten, die über nurmehr wenige, dafür hochspezialisierte Kompetenzen verfügen. Fachidiot ist übriges kein Schmähwort, sondern eine sehr präzise Beschreibung. Idiot stammt vom griechischen „idios“, was „eigen“ bedeutet. Ein Idiot ist jemand, der nur das Eigene kennt und sieht. Der Fach-Idiot kennt nur das eigene Fach, dieses dafür aber sehr genau. Dummheit, wie sie dem Idioten unterstellt wird, lässt sich in diesem Zusammenhang treffender als Unfähigkeit beschreiben, über den eigenen Tellerrand (plausibler Wirklichkeitshorizont) hinaus zu blicken – dies ist die Achillesferse des Fachidioten. Dehnen wir nun den Begriff vom Idioten auf den Bewohner des sozialen Raums aus.

Stellen wir uns besagten Teller als jene vom sozialen Raum propagierte Wirklichkeitskonzeption vor, die unseren Alltag und unsere Welterfahrung fast gänzlich überformt und einfasst, so kann festgestellt werden, dass, je höher eine Gesellschaft auf den Stufen ihrer Entwicklung steigt, desto mehr und größere Idioten sie notwendig hervorbringt – Idioten, im Sinne von Personen, die krank sind, weil lebensunfähig, weil gefangen in ihrem Spezialistentum, in ihrer vom sozialen Dogma immer enger begrenzten Wirklichkeit.

Der soziale Raum fördert das Idiotentum seiner Bewohner. In seiner Jugend ist diese Förderung überaus nützlich. Die Aufteilung verschiedener Arbeiten unter verschiedene, im Idealfall besonders befähigte Individuen, verbessert nicht nur die Herstellung lebensnotwendiger Güter, sondern schafft auch Musezeit, die zur weiteren Verfeinerung der Alltäglichkeit genutzt wird oder zumindest werden kann. Es muss dabei bedacht werden, dass Arbeitsteilung und selbst Spezialisierung nicht gleich Idiotentum impliziert. Der mittelalterliche Schmied war durchaus auch in der Lage, ein Feld zu bestellen oder ein Gebäude zu errichten. Selbst der Pfarrer eines mittelalterlichen Dorfes betrieb ganz selbstverständlich auch Landwirtschaft. Die Spenden der Gläubigen waren zunächst nur Entschädigung für die Zeit und Arbeit, die er ihnen mit seiner seelsorgerischen Tätigkeit widmete. Nur allmählich und nur in dicht besiedelten oder sehr wohlhabenden Pfarreien wurden die Kontributionen zur Haupteinnahmequelle, die oft noch mit dem Pfarrgarten ergänzt werden musste. Erst die Neuzeit brachte sukzessive und flächendeckend den Seelsorger im Hauptberuf hervor – eine wertvolle Bereicherung des sozialen Raums, reproduziert und propagiert der orthodoxe und etablierte Klerus das orthodoxe und etablierte Dogma des Habitats...flächendeckend. Noch im vorangegangenen Jahrhundert verfügte der Großteil der Bevölkerung über bedeutende handwerkliche Fähigkeiten. Beim Bau des eigenen Hauses mitzuarbeiten und kleinere Reparaturen selbst zu erledigen war und ist bei der älteren Generation noch üblich. Der Nutzgarten war bis in die 70er Jahre hinein die primäre Art, das Grundstück zu gestalten. Der getrimmte und praktisch nicht mehr benutzte Rasen ist eine furchterregende Erscheinung der jüngeren Vergangenheit. Heutzutage gibt es Spezialisten, die für andere, lebensunfähige, und nicht einmal besonders wohlhabende Spezialisten Bilder aufhängen und Wände tünchen. Ein Trend, der sich immer weiter fortsetzt und am Ende zur Katastrophe führen wird. Ruht die gesamte – vor allem technologische – Infrastruktur eines sozialen

Raums auf den Schultern vieler Spezialisten, die wie Zahnräder in einer hochkomplexen Maschine zusammenwirken, so genügt der Ausfall weniger dieser Rädchen, um den Gesamtmechanismus zu stören. Man stelle sich nur das Chaos vor, das ein zweistündiger Stromausfall bewirkt! Was wäre, wenn der Strom einen ganzen Tag oder zwei ausfiele? Was wäre, wenn der Supermarkt eine Woche nicht beliefert würde? Was, wenn die Wasserversorgung einer Metropole einige Tage ausfiele – vielleicht weil Terroristen, die kaum gesicherten Anlagen kontaminierten? Unsere Gesellschaft ist wie ein filigranes Spinnennetz – die kleinste Störung wirkt auf das Gesamtgefüge zurück.

Erschwerend kommt hinzu, dass die immer weitreichendere Bedienung von Grundbedürfnissen (vor allem der ersten Klasse) durch Institutionen des Habitats den Unwillen der Bewohner fördert, sich autodidaktisch bestimmte Grundkompetenzen anzueignen, die nötig wären, jene Grundbedürfnisse auch außerhalb des sozialen Gefüges in Eigenregie bedienen zu können. Man denkt natürlich sofort an Dinge wie Feuermachen, die Errichtung eines Hauses, die Benutzung von Werkzeugen usf. Diese Fähigkeiten betreffen, wie gesagt, nur die überlebensnotwendigen Bedürfnisse der ersten Klasse. Solange der soziale Raum irgend funktioniert, kommt man auch ohne sie aus.

Anders steht es mit der zweiten Bedürfnisklasse. Die Unfähigkeit, sie zu bedienen, hat gravierende und sehr messbare Folgen für das Individuum und den sozialen Raum. Für die zweite Bedürfnisklasse sind kommunikative und emotionale Fertigkeiten zentral. Sie dient dazu einen Zustand psychischen Wohlbefindens innerhalb eines sozialen Kleinstraums zu erzeugen, welches die Voraussetzung für die Weitergabe des Lebens ist. Und es ist tatsächlich eine Kunst, sich gut zu fühlen, glücklich und zufrieden sein und dieses Gefühl auf andere, z.B. den Partner, auszudehnen. Ganze Bibliotheken füllen Ratgeber und Handreichungen zu diesem Thema. Ganze Schulen wie die Stoiker oder die Epikureer beschäftigten sich mit der Eudämonie, der Glückseligkeit. Vor allem aber sind es die Religionen, die sich um das seelische Wohlbefinden des Einzelnen sorgen.[6] Wir haben bereits im vorangegangenen Abschnitt über die Verletzung der zweiten durch die dritte Bedürfnisklasse gesprochen. Wir stehen hier vor dem gleichen Problem, nur haben wir den Blickwinkel verändert. Uns interessiert nicht mehr das sich unwohl befindende Individuum, sondern die Beschaffenheit jener Strukturen des sozialen Raums, die seinen Bewohnern a-soziale Verhaltensweisen erlauben, ja diese sogar fördern.

Eine recht offensichtliche Ursache für diesen bedauerlichen Missstand ist in der Weise des zwischenmenschlichen Umgangs in einem sozialen Raum höherer Ordnung, vornehmlich in einem urbanen Umfeld, zu suchen. Man kennt die Personen, mit denen man im Alltag zu tun hat, oft nicht mehr. Sie erscheinen in der eigenen Wirklichkeit als reine Funktionsträger, Roboter, die einem die Brötchen über die Theke reichen oder das Büro reinigen. Vor allem in Metropolen ist die soziale Anonymität sehr weit verbreitet. Man kann dort ein ganzes Leben verbringen, ohne sich näher mit anderen Personen befassen zu müssen. Nahrung, Dienstleistungen, selbst Geschlechtsverkehr und (vermeintliche) Intimität sind anonym zu bekommen oder durch anonyme, unpersönliche Alternativen zu ersetzen. Man schreibt in Foren im Internet, man chattet, textet, tindert, twittert – man kommuniziert nicht mehr direkt, sondern medial. Diese Form der Kommunikation ist freilich defizitär. Sie mindert das *Ereignis* des Sprechens um eine essentielle Dimension: die

---

6   Zu beachten ist hier, dass etablierte Religionen in defektiven Habitaten, den je erlittenen Schmerz, der durch die Verletzung der Grundbedürfnisse beim Individuum verursacht wird, zu betäuben suchen. Karl Marx nennt die Heilsreligionen in diesem Zusammenhang sehr treffend das Opium für das Volk. Heilsreligionen erhalten und reproduzieren den Status quo durch Konstruktion einer Wirklichkeit, in der die Missachtung von Grundbedürfnissen z.B. um Willen ihrer höheren Bedienungen in einer "kommenden Welt" verkraftbar ist.

zwischenmenschliche Begegnung, das Erleben des anderen Körpers.

Der Andere ist mehr als ein Funktionsträger, der nur in Bezug auf die eigene Existenz eine Bedeutung hat. Die Reduktion des Sprecherlebnisses durch die exzessive Einschaltung von Mittlern (Medien) beschädigt die Person und ihre Möglichkeit, *ihr Leben hinsichtlich der Bedienung der Bedürfnisse zweiter Klasse zu führen*, auf verschiedene Weisen – ich möchte sie kurz anreißen.

1. Da <u>nur</u> in der Rede mit dem Anderen, die Person sich aus dem Fundus existentieller Möglichkeiten herausfindet, geht die Reduktion dieses Redeerlebnisses mit der Minderung existentieller Selbstgewissheit einher. Die Folge ist ein Gefühl von Sinnlosigkeit, von *Verlorensein*, ein Leiden an der nagenden Ahnung, die Welt um einen sei irgend irreal, absonderlich, man selbst in ihr verirrt, fremd, ausgestoßen – Symptome einer pathologischen Depression, die jeglichen vitalen Trieb unter sich begräbt.

2. Die Unfähigkeit mit dem Anderen zu kommunizieren, beeinträchtigt die Fähigkeit zum Selbstgespräch. Das Selbstgespräch ist seinem Wesen nach Meditation über sich selbst, ein Mit-sich-selbst-zu-Rate-gehen – *Besinnung*. Das Selbstgespräch ist keineswegs einsilbig oder vorhersehbar. Vielmehr besteht es in einer abstrahieren Reflexion über das eigene Dasein. Die Fähigkeit über sich selbst zu reflektieren, also mit sich selbst wie mit einem Anderen zu reden, wird durch das Reden mit und zum Anderen erlernt. Wir sagten bereits, dass echte Kommunikation das Verstehen des Gegenübers voraussetzt. Im Verstehen des Anderen wird die eigene, echte und authentische Sicht des Selbst offenbar. Wir lernen zu sehen, wie wir sehen und zugleich wie wir gesehen werden, bzw. gesehen zu werden glauben. Diese vielschichtige Hermeneutik erlaubt es dem Einzelnen sich aus dem Chaos möglicher Existenzkonzepte herauszufinden und einen spezifischen Charakter zu entwickeln. Wir sagen ja von Menschen, die sich ihrer selbst sehr gewiss sind und diese Gewissheit nach außen strahlen, sie haben Charakter, sie sind selbst-bewusst. Wer nicht mit dem

Anderen in dieser genuin menschlichen Weise zu kommunizieren lernt, wer kein echtes Gespräch zu führen vermag, der kann auch niemals in der Intensität mit sich selbst ins Gespräch kommen, die nötig ist, „Charakter" zu bilden und sich selbst bewusst zu werden. Wer aber keine eigene Daseinsform ausbildet, die er füllen kann, der wird vom sozialen Raum geformt. Der wird sich in einer der Formen des Man, wir sagen: Rollen, Stereotype, wiederfinden, in einem Gewand, das ihm nur leidlich angemessen ist und in dem er sich selbst immer ein wenig fremd und verloren fühlen muss... Der wird ein Christ ohne Glauben, ein Vater ohne Liebe usf. – ein braver Bürger, das Produkt seines Umfeldes, Massen-Ware.

3. *Denken* geschieht mittels innerer Rede. Der Prozess des Denkens ist also wiederum Kommunikation mit sich selbst, doch diesmal nicht über sich selbst, sondern über einen bestimmten Gegenstand. Diesen dreht und wendet man, betrachtet ihn aus unterschiedlichen Blickwinkeln und setzt ihn in unterschiedliche Zusammenhänge. Dies tun zu können, setzt voraus, dass man andere Blickwinkel und Zusammenhänge *denken* kann. Verkümmerte Kommunikation führt zur Denkfaulheit, zur gedanklichen Starre. Diese gründet in einer inneren Unwilligkeit, etwas durchzudenken, und in einer Unfähigkeit, eine andere als die eigene (idiotische) Perspektive einzunehmen. Beides, Unwillen und Unfähigkeit, sind direkte Folgen einer defizitären Kommunikationspraxis, die echte Unterhaltung mit dem medialen Austausch von Banalitäten verwechselt.

4. Mit dem Verlust, bzw. mit der Einschränkung basaler Denk- und Reflexionsfähigkeiten nimmt die Macht des sozialen Dogmas überhand. Es füllt die vielen Leerstellen des Innen. Es beantwortet die vielen offenen Fragen. Es lindert den latenten Zweifel durch feste Entschlossenheit. Dem Gefühl der Verlorenheit wird eine fixe soziale Verortung entgegengestellt: Du sollst dies und jenes sein, es ist angemessen, es ist lobenswert, es ist erstrebenswert. Es muss so sein. Der bedrückenden Sinnlosigkeit eines Lebens, das an fundamentalen

Gütern Mangel leidet, wird der glitzernde Götze vermeintlicher Sinnkonzepte entgegengestellt: Dies und jenes erfüllt dein Leben mit Sinn, gibt dir Glück. Freilich ist das Glück, das das soziale Dogma westlicher Zivilisationen propagiert, hohl und von kurzer Dauer. Es ist Hedon: Lust-Glück. Das Glück des sozialen Raums gründet in den Bedürfnissen dritter Klasse. Es ist das Glück der Masse. Es gleicht einer vorübergehenden Euphorie, die beständig wiederholt und intensiviert werden muss. Es führt zu einer Pleonexie der Genüsse, die eine echte, innere Zufriedenheit verunmöglichen. So wird der Mensch lebensunfähig, weil er unfähig wird, Glück zu empfinden, das aus ihm selbst quellt. Er wird abhängig vom Glück des Dogmas, das doch in Wahrheit immer nur Abstraktion, Schein und Täuschung ist.

8

Hyper-Technos

Der Westen ist wesentlich von seiner Praxis geprägt. Er ist eine Zivilisation der Arbeit, der Produktion. Sein bevorzugtes Mittel ist die Maschine, die Technologie, der *Technos*. Der Aufstieg des Westens zur weltbeherrschenden und menschheitsgestaltenden Größe ist gerade diesem Technos zu verdanken. Er ist das Herausragende des Westens, seine hervorragendste Qualität.

Eine Welt ohne gewisse Technologien ist für uns praktisch nicht vorstellbar: Elektrizität, Telefon, Fernseher, Automobil, Zug, Flugzeug, Internet, Pharmazie usf. Fast alle höher entwickelten Technologien sind Erzeugnisse der westlichen Welt der letzten 200 Jahre. Das ist mehr als bemerkenswert. Hochtechnologie als zentraler Baustein alltäglicher Praxis definiert den Westen. In einem extrem verdichteten Zeitraum brachten die sozialen Räume unserer Zivilisation in friedlichem und mörderischem Wettstreit miteinander das hervor, was ich als Hyper-Technos bezeichnen möchte, ein grausamer Neon-Gott aus Elektroden und Platinen, dem wir unsere Macht über die Menschheit zu verdanken haben. Die Gunst dieses

148

Gottes ist indes teuer erkauft. Die Geschichte vom Aufstieg des Westens wurde mit dem Blut von Millionen geschrieben und mit dem *Seelenheil* von Milliarden bezahlt. Es sind diese materiellen Zerstörungskräfte des Hyper-Technos sowie ihr korrosiver Einfluss auf das Individuum, die uns im Folgenden interessieren.

Auf einer sehr grundsätzlichen Ebene bezeichnet Technos die *Potenzierung* körperlicher Fähigkeiten durch artifizielle Werkzeuge. Der Hammer ist die Potenz der Faust, der Computer die Potenz des rechnenden Hirns, die Fabrik die Potenz organisierter Arbeit im Verband, die Schneide ist die Potenz des Fingernagels, des Zahnes, der Roboter ist die Potenz des Körpers in Bewegung usf.

Technos, auf eine höhere, abstraktere Ebene gestellt, ist die Potenzierung von Wirkungen gegen die Umwelt. Die Rodung eines Waldes, die Begradigung eines Grundstücks, die Errichtung einer Stadt, einer Fabrik, eines Krankenhauses usf. sind ebenfalls Aspekte des Technos. Er bezeichnet die <u>Eigenschaft</u> und <u>Fähigkeit</u> des Menschen, mit artifiziellen Mitteln eine artifizielle Umwelt, eine Lebenssphäre zu kreieren, in welcher er seine Grundbedürfnisse und nachgelagert die höheren Bedürfnisse der dritten Kategorie bedienen kann. Was der Spinne ihr Netz, der Biene ihr Bau, das ist dem Mensch Technos. Er setzt freilich jene Kompetenzen eines instinktreduzierten Lebewesens voraus, die maßgebend in seiner rechnenden und abstrahierenden Vernunft vorliegen. Demnach ist der Technos als solcher dem Menschen *natürlich*. Unnatürlich aber ist das Übermaß dieses Technos, der Hyper-Technos, wenngleich die Pervertierung des Technos zu einem grotesken, aufgedunsenen Zerrbild seiner selbst wiederum dem natürlichen Trieb geschuldet ist, immer komplexere lebensweltliche Strukturen herauszubilden.

Hyper-Technos bezeichnet also die übermäßige, die unnatürliche und darin unmenschliche Anwendung des Technos. „Übermäßig" bezeichnet das Missverhältnis von Nutzen und Einsatz und/oder Kontraproduktivität, d.h. wenn das angestrebte Gut durch die Benutzung des

Technos gemindert wird.

Ich gebe zwei Beispiele zur Verdeutlichung:
(1) Ein sehr augenfälliges Missverhältnis zwischen Nutzen und Einsatz liegt in den Materialschlachten des 1. Weltkriegs vor. Der Technos hat dem Krieg eine völlig neue und bis dahin ungeahnte Dimension der Zerstörung ermöglicht. Die millionenfache Vernichtung, die sich in jenen vier Jahren ereignete, war allein durch den Einsatz moderner Militärtechnologie möglich, die ihrerseits auf einer industriellen Infrastruktur fußte. Die Massenproduktion von Kriegsmaterial ermöglichte Verwüstungen von Land und Leben, die in keinem Verhältnis zum angestrebten Nutzen stand.

(2) Das Moment der Kontraproduktivität ist etwas schwieriger zu erklären. Kontraproduktiv nennen wir etwa eine Handlung, die das, was sie anstrebt, mindert. Nehmen wir an, man nimmt eine Stellung in einer weit entfernten Stadt mit der Intention an, ein positives Einkommen zu generieren. Der Verdienst beträgt 1500€. Die Reisekosten liegen jedoch bei 1600€. Man verliert monatlich 100€, was dem Ziel, ein positives Einkommen zu erwirtschaften, widerspricht.

Der Hyper-Technos wirkt in vielgestaltiger Weise kontraproduktiv auf das Dasein des Einzelnen im Hinblick auf die Bedienung seiner Bedürfnisse. Doch diese gefährliche Widersinnigkeit bleibt oft unter dem Deckmantel vermeintlicher Zusatznutzen verborgen, die eigentlich gar nicht angestrebt werden. Nehmen wir als Beispiel das Radio. Der Zweck des Radios ist, sprachliche Informationen in kurzer Zeit einer sehr großen Menge an Bewohnern eines sozialen Raums zu übermitteln. Das Radio ist die Potenz der Stimme. Die Stimme „aus dem Kasten" kann informieren, belehren, ermahnen. Sie kann unterhalten, wenn auch Unterhaltung nicht der primäre Zweck dieses Mediums ist, sondern ein zusätzlicher Nutzen. Das heutige Radioprogramm bietet viele Sender, deren exklusives Ziel Unterhaltung ist. Die Unterhaltung geht rund um die Uhr. Der belehrende Anteil an Programmen ist dagegen vergleichsweise gering. Wir habe einige Kultur- und

Nachrichtensender und -sendungen, das Gros bildet aber Musik, und zwar sog. Unterhaltungsmusik. Diese ist ihrem Wesen nach belanglos. Sie unterhält eben. Sie füllt die Stille aus, die der Zivilisationsmensch, an Lärm und Geräusch seiner artifiziellen Umwelt gewöhnt, als unangenehm empfindet. Man denke nur an die Cd´s mit Stadtlärm, die mancher New Yorker mit in den Urlaub nehmen muss – er braucht das konstante Hintergrundgeräusch, um schlafen zu können.

Treiben wir dieses Beispiel noch etwas weiter: Die Apotheose des Radios ist der Fernseher. Im Bild bekommt die Stimme einen Körper. Damit wird personale Anwesenheit suggeriert. Viele alleinstehende Menschen, die bewusst oder unbewusst an Einsamkeit leiden, haben den Fernseher Non-Stop in Betrieb. Er ersetzt Partner, Kind, Familie, Sippe, die in einem natürlichen Umfeld anwesend wären. Das Fernsehen zeigt dem Zuschauer, der in seiner kleinen Welt gefangen und in ihrer Wirklichkeit befangen ist, die große, weite Welt, andere Menschen, wunderliche Dinge. Das Zeigen geht dem Radio ab. So findet sich das Fernsehen um eine wesentliche Dimension erweitert. Doch wie nutzt es diese Dimension, diese kommunikative Potenz? Es veranstaltet ein Spektakulum, etwas für´s Auge <u>und</u> für´s Ohr. Damit fängt es die ganze Aufmerksamkeit des Betrachters ein. Das Medium immobilisiert, lähmt, schlägt ihn in seinen Bann. Das Radiohören erlaubt, nebenher noch einer anderen Tätigkeit nachzugehen. Das Fernsehen nimmt die ganze Person in Anspruch, ohne sie zu beanspruchen. Denn das Spektakulum ist seinem Wesen nach *leer*. Es setzt allein auf den äußeren Reiz, auf die Reizüberflutung, um seine völlige Irrelevanz zu vertuschen. Die Folgen des Fernsehens sind dementsprechend kontraproduktiver Natur. Anstatt den Zuschauer zu bilden oder wenigstens zu unterhalten, verdummen und langweilen sie ihn. Dass Fernsehen verdummt ist kein Geheimnis. Das Gehirn ist ein Muskel, der durch Benutzung gestärkt, durch Nichtbenutzung geschwächt wird. Fernsehen zwingt den Zuschauer zur passiven Aufnahme einer riesenhafte Menge an Informationen, die in der kurzen Zeit der

Aufnahme überhaupt nicht verarbeitet werden können. Unser Sensorium *filtert* Eindrücke. So begegnet es einer potentiellen Überforderung, die die Vernunft lähmen würde. Es selektiert. Dabei sucht es Wichtiges von Unwichtigem zu scheiden. Diese Unterscheidung wird nicht nach dem Maß der Vernunft vorgenommen, sondern nach dem des Leibes. Wichtig kann sein, was dem Leib in einer primordialen Umwelt gefährlich werden kann. Also reagiert das Sensorium auf Feuer (Buntheit, Flimmern) und Lärm. Jeder Actionfilm, mit all den Explosionen und schnellen Bildwechseln usf. überreizt das Sensorium hoffnungslos und lähmt gleichsam die Vernunft. Wichtig ist weiterhin, was der grundlegenden Bedürfniserfüllung dienlich ist: Nahrung, Unterkunft, potenzielle Sexualpartner: Kochshows, Einrichtungsshows, gesunde, junge, schöne Menschen auf allen Kanälen, in (fast) jeder Werbung usf.

Das Fernsehen überlädt also den natürlichen Filterprozess, sodass am Ende nur wenig, vielleicht gar nichts ins Innere, ins Räderwerk des Denkens, gelangt. Man wird betäubt. Man setzt sich abends müde aufs Sofa und lässt sich von der Mattscheibe berieseln. Nach zwei Stunden kann man kaum sagen, was man gesehen hat. Die regelmäßige Überladung des Sensoriums führt zur Abstumpfung gegenüber neuen Eindrücken und in der Folge zur Erlahmung der natürlichen Reaktion. Man wird stumpf, roh, denkfaul – man verblödet. Der erste Horrorfilm verursachte noch Alpträume, der hundertste nur noch ein Gähnen. Die erste Dokumentation wurde noch mit Interesse verfolgt, die hundertste wird schon nach fünf Minuten als unerträglich flach empfunden, wenn sie nicht mit Spannungsmitteln des Unterhaltungsfilms aufgepeppt wurde. Tatsächlich schadet das Fernsehen dem Bewusstsein in sehr ähnlicher Weise, wie es eine radikale Reduzierung umweltlicher Eindrücke tun würde. Im ersten Fall wird es über- im zweiten unterfordert. Gedrängeeffekt und Mangel – in beiden Fällen gelangt nur eine unzureichende Anzahl echt-stimulierender Eindrücke ins Bewusstsein, um darin Grundlage für eine normale Tätigkeit von Instinkt und Vernunft zu bilden. Hieraus lässt sich auch die krankhafte Langeweile erklären, die regelmäßigem Fernsehkonsum folgt. Das Hirn wird nicht ausreichend stimuliert, weil es sich in einem Zustand permanenter Überreizung befindet. Die Langweile wird paradoxerweise durch Steigerung des Konsums und seiner Intensität bekämpft, was – kontraproduktiv – die zugrundeliegende Ursache potenziert anstatt sie auszuschalten. Um Langeweile effektiv zu bekämpfen, empfiehlt es sich, den Fernseher loszuwerden. Ein Spaziergang an der frischen Luft, ein gutes Buch, ein echtes Gespräch sind die besten Heilmittel für ein lahmendes Hirn und eine traurige Seele. Lesen ist übrigens die beste Schule für vitales Denken. Dabei muss es nicht einmal ein kompliziertes philosophisches Traktat sein, ein ansprechender Roman, vielleicht nicht von der aller banalsten Sorte, ist völlig genügend. Das Lesen bindet die Aufmerksamkeit genauso stark wie das Fernsehen, aber es nötigt den Leser zur Aktivität. Der Text muss visuell aufgenommen, die Zeichen interpretiert werden. Aus Zeichen werden Buchstaben, Worte, Sätze. Diese haben eine Bedeutung, die begriffen werden muss, was ein aktives Nachvollziehen, ein Zuhören, ein Lauschen auf jene innere Stimme, die den Text vorliest, erfordert. Endlich – vor allem bei der schönen Literatur – kreiert das Bewusstsein selbsttätig Bilder der Handlung, was der vorgesetzten Visualisierung im TV vorzuziehen ist.

Der *Hyper-Technos* marginalisiert das echte Menschsein, indem er es mit einer künstlichen Sphäre künstlicher Tätigkeit umgibt. Der Einzelne interagiert nicht mehr direkt mit seiner Umwelt, sondern vermittels technischer Einrichtungen, d.h. er interagiert in Wahrheit mit seiner Technik. Die Interaktion mit der natürlichen Umwelt wird zum virtuellen Erlebnis degradiert – die Natur als Park, die Vergangenheit als Museum, das Heim als Mietwohnung, das Fenster als Bildschirm, der Andere als Funktionsträger, der Acker als Supermarkt usf. Martin Heidegger nennt Technik in diesem Zusammenhang „Gestell“. Das Gestell umgibt die Person wie eine sphärische Blase mit transparenten

Wänden. Man sieht die natürlich Welt noch jenseits der filigranen Schleier des Technos, aber man erlebt sie nur noch in ihrer Vermittlung durch das Gestell. Dieses Eingesponnen-sein in eine artifizielle Wirklichkeit ist der Preis, den der Gott Hyper-Technos von seinen Gläubigen verlangt.

Warum ist dies problematisch? Wir sagten, der Hyper-Technos verwüste die Seele des Menschen. Dieser Ausdruck mag auf den ersten Blick wie eine polemische Überspitzung klingen. Er bezeichnet aber eine sehr unmittelbare und sichtbare Gefahr: Hyper-Technos stört die Gesundheit der Psyche; er macht psychisch *krank*.

Der Mensch ist ein Wesen der Natur, das die besondere Eigenschaft besitzt, eine zweite Natur um sich zu schaffen – d.i. der soziale Raum, die künstliche Sphäre der Existenz, Habitat. Trotzdem verliert der Anthropos als Körperwesen niemals ganz die Fühlung der der primordialen Umwelt, die nach seinen Bedürfnissen zu gestalten, ihm Natur und Bedürfnis ist. Die Beziehung zur wilden, ungeordneten Umwelt reguliert der Instinkt, bzw. in ihm spiegelt sie sich luzide wider. Der Instinkt ist Werkzeug unbewusster Beeinflussung des Verhaltens zwecks Bedienung der Grundbedürfnisse, wie sie in den ersten beiden Klassen formuliert sind. Der Instinkt erlaubt es dem Menschen, in einer wilden Umgebung zu existieren und zu funktionieren, bis er diese seinen Erfordernissen gemäß umgewandelt hat – danach wird er zunehmend *störend*. Darum geht das Wachstum des sozialen Raums mit einer immer weitergehenden Reduktion, bzw. Pervertierung des Instinkts einher. Der Mensch wird in einer künstlichen Umgebung notwendig zum Wesen der Vernunft; seine Triebe werden kongruent als „schlecht", „hinderlich" und „unzweckmäßig" gebrandmarkt, als etwas Unheimliches, Animalisches, Böses, das es zu überwinden gilt. Praktisch alle „modernen" Religionen und religiösen Philosophien – Wächter und Profiteure sozialer Gebilde – sehen daher im Trieb die Sünde, das Schlechte, desgleichen die „modernen" Verantwortungsethiken.

Das Ziel oder Streben des Instinkts ist die

Bedienung von Grundbedürfnissen. Der Lohn seines Erfolgs ist tiefe Zufriedenheit, ein wortloses Schwelgen in einem sehr leiblichen Glück, das reines und gläsernes Empfinden ist. Die Sprache des Instinkts – wenn man sich dieses Begriffs bedienen will – sind archaische Bilder wie die Mutter mit dem Kindlein im Arm – jenes Symbol so vieler Religionen. Sie rühren das Innerste im Menschen nicht ohne Grund an, bringen seine tierhafte Seele nicht zufällig in angenehme Erregung: Sie verweisen auf den Glückszustand des zufriedenen Anthropos. Abseits dieses tierhaften Glücks ist kein anderes, echtes, höheres Glück möglich, wenn auch die Propheten des sozialen Raums und die Priester des Hyper-Technos das Gegenteil behaupten. Diese uralte Erkenntnis ist hart und mag vielen Zivilisationsgeschädigten, die ihr *Leben* mit der Jagd nach minderwertigen Ersatzbefriedigungen vergeudet haben, übel aufstoßen. Doch gerade deshalb muss sie umso mehr betont werden: Echtes Glück und seelische Gesundheit erwächst dem Menschen aus einem bewussten, naturnahen (d.h. *seiner* Natur nahen) Lebensstil, aus der schöpferischen Arbeit mit seinen Händen, aus dem alltäglichen Bestreiten seines Lebens, aus dem körperlichen Genießen und Erleiden einer wilden Umwelt, aus dem Bezwingen des Chaos mittels seiner Vernunft und der Aufzucht möglichst vieler, möglichst gesunder Nachkommen.

Der Hyper-Technos kastriert den Schöpfungstrieb des Menschen, indem er ihn in ein Gefängnis sperrt, in welchem die Wirklichkeit ihn nurmehr gefiltert – gefiltert nach den stummen Vorgaben des vorherrschenden Dogmas – erreicht. Basale Empfindungen von Kälte, Hitze, Hunger, Durst werden nach Möglichkeit suspendiert. Wärme, Kühlung und Nahrung sind praktisch überall verfügbar. Desgleichen gilt für Unterhaltung. Der Gefangene der Zivilisation entbehrt nicht der Ablenkung. So hält man ihn in seiner Zelle der Alltäglichkeit gefügig. Selbst der Tod, dieses letzte große Prädikament, das uns herausfordert, mehr aus unserem Leben zu machen, den Ruf, der an uns ergeht, zu hören und ihm konsequent zu folgen, ein Ruf, der uns aus goldenen Käfigen in die Wildheit des Ungewissen und Unerhörten hinein zurücklockt, dieser Tod also, das physische Verenden eines Körpers, wird vom Hyper-Technos geflissentlich verleugnet.

Man stirbt im Westen zunehmend in der Anonymität fabrikmäßig organisierter Einrichtungen, verborgen vor den Blicken der Öffentlichkeit, betäubt von Medikamenten. Der bildhafte Tod, ich meine den verfallenden Leib eines Leichnams, rührt uns in heftiger Weise an. Er führt uns grausam vor Augen: Das Maß der Zeit in dieser Welt ist eng bemessen. Es fragt: Was tust Du, Mensch? Wie verbringst Du Deine Tage, Deine Stunden? Lebst Du? Fühlst Du das Leben? Gibst Du das Leben weiter? Schaffst Du? Schöpfst Du? Vollbringst Du etwas, das größer ist, als Dein Dasein? Stehst Du im Dienst eines höheren Gedankens, einer größeren, einer große Idee? Schaffst Du...Zivilisation?

Die Wenigsten, wenn sie ehrlich mit sich zu Rate gehen und die Landschaft ihres Lebens überblicken, werden behaupten können, sie machen etwas aus ihrer Zeit. Die Meisten sind in einem Dasein befangen, dessen Wirklichkeit (und Wahrheit) der weisen oder törichten Bevormundung durch das soziale Dogma entspringt. Der Hyper-Technos hat sie ganz umgarnt. Sie leben in klimatisierten Häusern, arbeiten an Bildschirmen, träumen von Dingen, die ihnen das Fernsehen gezeigt hat, lauschen der nie schweigenden Stimme des Man, die allgegenwärtig die Macht und Dominanz des sozialen Raums und seiner Orthodoxie behauptet.

Genug mit der Polemik. Sie lässt sich ohnehin in eine knappe, alltägliche Betrachtung fassen, die zu tun, ich dem Leser empfehlen möchte – eine Selbstdiagnose gewissermaßen. Wenn man ein Kind betrachtet, dass stundenlang mit der primitiven Mikrowelt seines Smartphones interagiert oder – zu meiner Zeit – stundenlang vor dem Flimmerkasten ausharrt, fast unbeweglich und doch in aufmerksamer Anspannung – läuft es einem da nicht kalt den Rücken herunter? Weiß man nicht *instinktiv*, dass das falsch, unnatürlich, ja schädlich ist, gleich wie heftig und logisch *man* es zu rechtfertigen sucht?

Eine andere Wahrnehmung, eine Ahnung, die die Seele in Furcht und Schrecken versetzen sollte, wenn die eigenen allzumenschlichen Instinkte nicht schon bis zu völligen Fühllosigkeit abgestumpft sind: Ich spreche von jenem düsteren Empfinden, dass etwas nicht stimmt, dass man in eine Katastrophe steuert, dass das alles nicht so weiter gehen könne – die Ahnung in einem Spinnennetz festzukleben, das bei der kleinsten Berührung zu zerreißen droht.

Dieses *Empfinden,* der Horror sich von Unfähigen umgeben, ja sich von ihnen abhängig zu wissen, hat wunderbar E.A. Poe (ein Prophet des Untergangs) in seiner Novelle über die wunderlichen Abenteuer des A. Pym beschrieben. In den Kapiteln 2 bis 4 wird erzählt, wie zwei Jungen sich einen Spaß daraus machen, bei aufziehendem Sturm mit einem Boot auszufahren. Es ist Nacht. Sie kommen von einer Festivität. Der Alkohol hat sie mutig und blind für die Gefahr gemacht. Der ältere der beiden, Augustus, nimmt das Steuer. Nun entfaltet sich ein verstörendes Drama. Arthur, der jüngere, hat zunehmend Angst, da der Sturm das Boot herumzuwirbeln beginnt. Doch er vertraut Augustus, der unbeweglich und starr am Steuer steht. Freilich sieht er nur die Silhouette des Freundes. Doch gerade dessen beharrliche Reglosigkeit, die den wütenden Naturgewalten so unbekümmert zu trotzen scheint, flößt ihm Vertrauen ein. Doch dann erhellt ein Blitz das Angesicht des Charon. Augustus ist sturzbetrunken und starr vor Schrecken nicht vor Kühnheit. Er hat die Kontrolle schon lange verloren. Er steuert nicht das Boot, sondern krallt sich Schutz suchend am Steuerrad fest.

Es ist genau dieses Gefühl, das in unseren Tagen mehr und mehr Menschen befällt. Das Gefühl, dass wir auf einen Abgrund zusteuern, dass unsere Herren und Meister irrsinnig und unsere Mitmenschen blind für das Offensichtliche sind. Der Kaiser ist nackt – wer kann es glauben, wer kann es fassen?

Hyper-Technos umgibt unser Fühlen mit Apparaturen, die die Wahrnehmung der echten Umwelt blockieren, bzw. entfremden. Die Art und Weise dieser Entfremdung ist keineswegs zufällig. Sie ist das Erzeugnis des sozialen Dogmas, welche dem Hyper-Technos wie eine mathematischen Funktion zugrunde liegt.

Technik entwickelt sich im Westen in zwei Phasen. Die erste dient der Erweiterung und Steigerung unmittelbarer körperlicher Fähigkeiten – das Werkzeug. Die Kleidung als zweite Haut, der Hammer als Potenz der Faust, die Säge als Potenz des Zahnes usf. Dies ist der gewöhnliche Technos, den zu entwickeln dem Menschen so natürlich ist wie der Spinne das Weben ihres Netzes. Hyper-Technos dagegen ersetzt die menschliche Aktivität selbst. Man bedient einen Knopf, der den Presshammer zuschlagen lässt. Man programmiert einen Roboter, gewisse Handgriffe auszuführen. Man tippt Zahlen ein, mit denen dann das elektronische Gehirn rechnet. Und selbst das intimste Erleben der eigenen Körperlichkeit in ihrer Verschmelzung mit einer fremden, die Sexualität, wird virtualisiert, trivialisiert, banalisiert. Das Ersetzen der Aktivität beraubt das Individuum der körperlichen und psychischen Erfahrungen, die mit dem Tätigsein verbunden sind. Diese inneren Erlebnisfolgen der Aktivität sind sind grundlegend, um echte Zufriedenheit empfinden zu können. Das urtümliche Tätigsein des Menschen zielt immer darauf ab, eine chaotische und wilde Umwelt gemäß der Bedürfnisse der ersten beiden Klassen zu manipulieren. Der soziale Raum verwandelt die wilde Umwelt in eine artifizielle, während der Hyper-Technos das echte Tätigsein mittels der selbsttätigen Maschine (Auto-mat) simuliert. Es bleibt ein fadenscheiniges Gerüst von Alltäglichkeit, in der jede echte existentielle Sinnhaftigkeit, die den Menschen als Körperwesen seiner selbst vergewissern könnte, marginalisiert wird. Anthropos verliert jenes „Ich-bin!"- Empfinden des Schöpfers, der seine eigene Identität beim Anblick des Geschöpfes erfühlt.

Ersatzbefriedigungen, die der soziale Raum reichlich zur Verfügung stellt, täuschen das echte Erleben indes nur vor, ohne es in seiner Ganzheit und

Tiefe ersetzen zu können. Man lebt naturverbunden, weil man „bio" im Supermarkt kauft. Man geht zelten mit Isomatte, Taschenlampe, Feuerzeug und Gaskocher. Man lebt in seinem Körper – darum schleift man ihn ins Fitnessstudio, in die Wellnessfabrik, reibt ihn mit Lotionen und Wässerchen ein. Man schämt sich seines Sexus nicht – darum probiert man dies und das mit ihm und ihr und ihnen aus. Man berücksichtigt die leibliche Existenz – darum kleidet man sich mit 50 noch wie ein Teenager, bräunt die Haut im Solarium, färbt die Haare (man denke nur an Th. Manns „Tod in Venedig"). Forver young, forver dumb.

Die Apotheose des Hyper-Technos ist AI – Artifizielle Intelligenz: Die Maschine wird zum Schöpfer, der Schöpfer wird obsolet. Die Morgenröte einer post-humanen Welt glüht bereits am Horizont. Die berechtigte Angst des Menschen in jenem weltumspannenden Habitat, das er schuf, zum Störfaktor zu werden, der von der besonneneren, weil bedürfnis- und leidenschaftslosen Maschine beseitigt werden könnte, spiegelt sich in etlichen dystopischen Entwürfen wider, die vor allem den kontemporären Film inspiriert haben: Matrix (Virtuelle Wirklichkeit), Terminator (Skynet), Her (Betriebssystem), Dune (Hintergrundgeschichte) usf.

Schließen wir den Kreis: Hyper-Technos entzweit den Menschen mit sich, indem er sich als Keil zwischen ihn und seine natürliche Umwelt schiebt. Dabei mindert er die primären Güter, die Lebensgüter, die zu fördern Zweck des Technos ist, weil er dem Menschen das *Erleben* ihrer Genese vorenthält. Dieses Erleben verbindet den Mensch mit seinem Werk. Das Werk versichert ihn seiner Tätigkeit und so seines tätigen *Daseins* in einer Welt: Ich bin, weil ich schaffe. Der Bauer des Mittelalters erntete kein Produkt, der Handwerker der Antike erschuf keine Ware – sie brachten sich selbst, ihr ganzes Dasein, geistig und körperlich in die Arbeit und in das Werk mit ein. Als Lohn erhielten sie sich selbst potenziert zurück. Ihre Arbeit erhielt nicht nur ihr Leben, sondern die Tätigkeit selbst erweiterte es. Hyper-Technos beraubt den

Menschen seiner Werktätigkeit.

9

Vereinzelung, Vermassung

Der Westen stirbt, weil seine sozialen Räume die Bewohner einer zutiefst paradoxen Situation aussetzen: Auf der einen Seite verlangt das soziale Dogma radikalen Individualismus, auf der anderen Seite vermasst eben dieses Dogma die Bevölkerung, wodurch das freie, schöpferische Individuum vernichtet wird. Betrachten wir einige Charakteristika der Masse.

Masse ist schwach. Je größer sie ist, desto unfähiger, unbeweglicher wird sie. Eine Masse verfügt nie über die notwendigen Kräfte, einen sozialen Raum am Leben zu erhalten – dazu braucht es wenigstens einige, geniale Individuen, die ihre Schöpfungskraft in den Dienst eines größeren Zusammenhangs wie eben dem Aufbau einer Zivilisation stellen. Die Masse kann sich zudem nicht selbst erhalten, da sie ihrem Wesen nach ein Konglomerat von Monaden ist. Jeder Partikel in der Masse zählt, was das eigene Überleben angeht, auf den Mitmenschen, den Staat, den Monarchen usf. Ohne hierarchische Organisation wäre die Masse nicht einmal in der Lage, sich selbst zu ernähren.

Im Laufe seiner Höherentwicklung muss der soziale Raum seine Bewohner zur Masse verdichten. Das Individuum, selbst im gezähmten, im zivilisierten Zustand, bleibt im Letzten unkontrollierbar und kann, sofern das herrschende Dogma seinen Grundbedürfnissen massiv zu widersprechen beginnt, zur Gefahr für den sozialen Raum werden. In der Masse ist ein solcher Widerstand nicht möglich. Sie ist unendlich träge. Jeder ihrer Partikel verbirgt sich hinter dem anderen, jeder vegetiert in der Hoffnung dahin, es werde den anderen treffen, bzw. der andere werde es schon besorgen – der *Andere* ist ja massenhaft und in unendlicher Zahl vorhanden. Das Man ist das strukturierende Prinzip der Masse, der implizierte Gott. Es gebiert die Alltäglichkeit, nach der sich die Praxis formiert – das Besorgen des Daseins. *Man* tut, was zu

160

tun ist, darüber hinaus aber tut *man...nichts.*

Masse zieht an. Die Urbanisierung ist vielleicht ihr offensichtlichster Katalysator. Früher galt es als Privileg der Reichen und Mächtigen abseits der Masse und ihrer elenden Behausungen zu leben. Heute gilt das Gegenteil: Man wünscht die Nähe zur Stadt, obgleich man paradoxerweise in ihr Ruhe und Privatsphäre sucht – Güter die inmitten ameisenhaft wimmelnder Menschenmassen praktisch nicht zu haben sind. Die Vorstadt ist das widersinnige Resultat des instinktiv-gesunden Strebens des Individuums, einigermaßen für sich zu sein, und dem Trieb der Masse, die Nähe zum Zentrum, zum Ort ihrer höchsten Verdichtung, zu suchen. „Man kann abseits der Metropolen nicht mehr leben," sagt der eine. „Man kann in den Metropolen nicht mehr leben," der andere.

Masse macht dumm. Je mehr Menschen zusammen sind, desto niedriger nimmt sich die Intelligenz des Einzelnen in ihr aus. In der Masse vertiert das Individuum (in einem schlechten Sinn), das für sich genommen, ein verträglicher und guten Gründen zugänglicher Zeitgenosse wäre. Ein Blick ins Stadium, auf eine Demonstration, auf eine Wahlveranstaltung oder nur ein Business-Meeting zeigt den desaströsen Einfluss der Masse auf das, was man gesunden Menschenverstand nennen könnte. Allein in der Masse wird entgegen aller Realität die Orthodoxie hochgehalten.

Die Masse besteht aus Monaden. Nirgends ist man einsamer als im Schoß der Vielen. Nirgends ist es stiller. Der soziale Raum konstruiert die Masse durch Vereinzelung und Vereinsamung. Er atomisiert den Menschen. Erst vaporisiert er das Individuum. Danach kondensiert er es zur Masse. Dies geschieht – wieder paradoxerweise – durch die radikale Promotion des personalen Wertes. Der Westen lehrt seine Bevölkerung individuell zu sein, nein, zu werden. Er *verlangt* Individualität. *Man* muss sich gegen andere abgrenzen. Ein eigener Lebensstil, ein eigener Ethos, eine eigene Uniform, eigene Gedanken, Wünsche, Empfindungen, Ziele – so lautet der praktisch unerfüllbare Anspruch.

Unerfüllbar, weil wir uns als Menschen auf der basalsten Ebene unserer Existenz, also auf der Ebene grundlegender Bedürfnisse, gleichen, d.h. nicht vereinzelt sind. Die Liebe zur Gesundheit, zur Ebenmäßigkeit des Leibes, zu Kindern, zur Betriebsamkeit, zur Muse, zur wilden Natur (mit allem Respekt und allem Schrecken, die diese Liebe stets begleiten) usf. eignet allen Menschen und bildet in sich bereits einen Großteil existentieller Glücksmöglichkeiten ab. Jenes andere, höhere Ich-sein, auf das so großen Wert zu legen uns em- und befohlen wird, und das erst im sozialen Raum höherer Art möglich wird, ist, wenn man hinter die schillernde Verpackung blickt, eindimensional und öde. Der Ruf des Man zur Individualität erzeugt dementsprechend *eindimensionale Existenzen*, die ihrerseits notwendig vermassen.

Der eindimensionale Mensch ist der Partikel der Masse.

Eindimensionale Individualität wird in einem sozialen Raum durch selektive Teilhabe an seinen Subsystemen erreicht. Der Einzelne ist die Summe seiner Rollen. Verschiedene sozial-konnotierte Attribute bilden das kommensurable Individuum. Die Zugehörigkeit zu einer Belegschaft, einer Gemeinde, einer Partei, einer Religionsgemeinschaft, einem Verein usf. determiniert die Individualität des Massemenschen, seine Unterschiedenheit von den Mitmenschen. Dazu kommen körperliche Attribute wie Geschlecht, Hautfarbe, Haarfarbe, Alter usf. Sie werden in diesem Zusammenhang gleichsam als Subsysteme gewertet. *Man* ist eine Blondine, ein Rotschopf, eine Frau, ein Hüne, eine Mutter, ein Teenager. Selbst diese natürlichen Dispositionen werden wählbar wie die Mitgliedschaft in einem Kleintierzüchterverein. Man färbt sich die Haare, die Haut... Man kleidet sich nicht entsprechend seines Alters, sondern entsprechend des Alters, das man vorstellen möchte. Der Westen leidet unter einer sehr allgemein gewordenen Verwirrung anthropologischer Grundgegebenheiten. Unter den Zeichen von geschlechtlicher Diversifikation, Multikulturalismus und Feminismus wird die Leiblichkeit selbst zur modifizierbaren Größe. Wir werden gleich noch näher auf diese suizidalen Abnormitäten eingehen müssen.

Individualität, wie sie der soziale Raum propagiert, besteht also in der Teilhabe an seinen Subsystemen und darin in einer stillschweigenden Affirmation des eigenen Platzes in der Masse und im übergeordneten sozialen Gefüge. Diese Affirmation geschieht selbst dann, wenn man Mitglied eines Subsystems ist, welches in einer vermeintlichen Konkurrenz zum überlagernden sozialen Raum steht. Die Mitgliedschaft in einer Protestpartei ist immer noch die Mitgliedschaft in einer Institution, die der soziale Raum akzeptiert. Herbert Marcuse hat auf diesen Mechanismus hingewiesen, der dem Westen (der kapitalistischen Grundordnung) eigentümlich ist: Das Man vermag selbst die gegen es gerichteten Proteste positiv zu integrieren. Der Protestsong wird zum Hit in den Charts, gewalttätige Demonstrationen zum You-Tube-Knüller, die Uniformen der Terroristen zum Modetrend.

Im sozialen Raum wählt das Individuum seine Identität wie man einen Anzug von der Stange aussucht. Und wie der Anzug von der Stange passt auch die Identität *nie* ganz, außer *man* ist Durchschnitt. Die Folge ist eine latente Unzufriedenheit des Einzelnen in der Masse, welche sich in einem ewigen Suchen, einem ziellosen Streben nach einer höheren Daseinsform, einem passenderen Lifestyle, einem Sinn usf. auswirkt. Dieses Suchen wird vom sozialen Raum stets und immer neu bedient und gefördert. Eine neue Religion, eine neue Kollektion, ein neuer Trend sind stets verfügbar, um die Schar der Unzufriedenen von einem Gefängnis in ein neues zu führen, dessen Wände bei gleicher Dicke und Unnachgiebigkeit doch wenigstens anders getüncht sind.

Der Würgegriff der Masse und die Unmöglichkeit sich aus den faden Alternativen, die der soziale Raum bietet, eine eigene Identität herauszufinden, bzw. -zulösen, führt zur *Vereinsamung* und in der Folge zur *Verödung* des Innenlebens.

Die Vereinsamung geschieht durch den geradezu abstrusen Zwang, sich je unterscheiden zu müssen, während man auf der anderen Seiten paradoxerweise bemüht ist, sich in die Vorgaben der Alltäglichkeit einzugliedern, bzw. sich mit ihnen abfindet. Man streicht sein Haus zwar in einer anderen Farbe, folgt aber der als kommensurabel beurteilten Farbpalette der Nachbarschaft. Man personalisiert den Einheitskram, der einen bunt und bedeutungslos umgibt. Man baut bei aller Kritik – dies ist die Todsünde des Individuums – immer auf die Hoffnung, sich selbst in den Optionen des sozialen Raum finden zu können. Was man aber im Spiegel der Alltäglichkeit als Zerrbild seiner selbst erkennt, ist nichts als der identitätslose Massemensch, der „Mann in der Menge."[7]

Indem das Individuum in der Masse ersäuft wird, stirbt auch der Mensch, d.h. er verkommt zur bloßen Zahl, zur bloßen Statistik, zum bloßen Behältnis verschiedener Sterotypien. Im Westen gilt der Mensch dementsprechend als Konsument, Bevölkerung, Wähler, Bürger, Arbeitskraft usf. Sein Charakter erschöpft sich in den Rollen, die zu spielen ihm um Willen der Herausbildung einer Identität anempfohlen wurde. Tatsächlich ist er dem System zur Bürde geworden. Die Masse ist nicht mehr die vitale und gestaltende Kraft eines sozialen Gefüges, sondern Material, das versorgt, unterhalten, beschäftigt, organisiert werden muss. Auf dem Höhepunkt seiner Macht vermag das Habitat seine Massen noch als Werkzeuge einzusetzen. Es erobert Weltreiche und baut Pyramiden, willig bei seinen Unternehmungen die Einzelnen massenhaft zu opfern. Später aber, wenn die Massen eingeschläfert und verweichlicht wurden, wenn man sie aus Furcht vor ihren Urtrieben domestiziert hat und sie zum Fett auf den Hüften eines alternden Helden verkommen sind, ächzt der soziale Raum unter der Last seiner Bewohner und lässt deren unweigerliche Vernichtung en masse gerne zu.

Das Wenige an echter Arbeit, das unsere technisierte Zivilisation bedarf, kann ein Bruchteil der

---

7 Auch hier ist wieder als Poe´s prophetische Gabe hinzuweisen. Seine Kurzgeschichte "Der Mann in der Menge" thematisiert die regressive Furcht des Individuums, von der Masse verlassen zu sein.

Bevölkerung erledigen. Es bedarf nur weniger Spezialisten das Räderwerk in Gang zu halten. Den *Menschenrest* gilt es lediglich zu managen. In unserer Welt zählt der Einzelne nichts mehr, obgleich er als Abstraktum auf das höchste Podest gestellt wird. Die echte Apotheose des Individuums, das Genie, ist im Schatten automatisierter Fabriken und dicht besiedelter Städte kaum mehr als eine Kuriosität, die man begafft, beklatscht oder über die *man* die Nase rümpft, die man ins Irrenhaus, ins Gefängnis sperrt, wenn sie partout nicht still halten und mitmachen will. Genie bedeutet dabei nicht, mit bestimmten Fähigkeiten über das Maß des Durchschnitts hinaus gesegnet zu sein, etwa wie ein virtuoser Pianist. Genie bezeichnet vielmehr die Unfähigkeit ein Massewesen zu werden. Das Genie ist schöpferisch und frei – es ist in Schöpfertum und Freiheit *gefangen*. Das Genie steht intellektuell und instinktiv auf der äußersten Grenze des sozialen Raums. Es übersieht ihn als Ganzes, nimmt ihn wie eine Abstraktion wahr und hört doch gleichsam nie auf, Teil des Gefüges zu sein, ihm inwendig verhaftet. Darum streiten in der Brust des Genies zwei Seelen, es dient zwei Herren, es ist Bürger zweier Welten. Jeder Prophet ist seinem Wesen nach Genie. Jedes Genie ist Prophet.

Es ist der *schöpferische Einzelne,* besagter Genius, dessen Wille und Vision den werdenden sozialen Raum strukturieren. Jesus, Augustus, Karl, Louis IVX., Friedrich, Bismarck, Nietzsche usf. sind *unsere* modernen Kulturheroen, Schöpfer und Former *unserer* Gegenwart, auch wenn sie in Wahrheit nur das Gesetz der Genese sozialer Gefüge erfüllten, die sich dieser Genies und ihrer Tatkraft wie eines Werkzeugs bedienten. Wären sie nicht gewesen, hätten andere ihre Stelle eingenommen, ohne das der Wuchs des sozialen Gefüges sich dadurch wesentlich verändert hätte.

Genie und Masse stehen einander wie Pole gegenüber. Sie bilden Gegensätze ohne wirkliche Feindschaft. Das Genie ist eine Notwendigkeit des sozialen Raums, seine Unterdrückung gefährdet und schwächt dessen Gefüge. Die Masse ist im Kontext sozialer Entwicklung Material des politischen Genies, jenes aber Erfüllungsgehilfe des Dogmas, das die Masse erschuf. Ein sozialer Raum stirbt, wenn er keine Genies mehr hervorbringt. Das Übergewicht der Masse lähmt ihn und zieht in endlich in den Abgrund hinab.

10

Morbide Ideologien: Genderismus, Sozialismus,
ethischer Relativismus

Im Lauf seiner Degeneration entwickelt der soziale Raum eine Reihe krankhafter Ideologien. Er bringt diese hervor, um die Menschenmasse, die ihm zur Bürde geworden ist, weiter zu entkräften. Der Einzelne wird *massenhaft* mittels morbider Ideologien dazu verführt, einen Lebensstil zu pflegen, der seine grundlegenden Lebensinteressen vernachlässigt. Unfähig, diese zu bedienen, verliert die Masse an Zahl und Beweglichkeit. Kinderlosigkeit, Fettleibigkeit, Medikamenten- und Drogenabhängigkeit sind nur einige der Symptome dieses massenhaften Niedergangs, dieses Niedergangs der Masse.

Bald ist die innere Struktur des sozialen Raums soweit geschwächt, dass konkurrierende Systeme ihn von innen und außen her aufzulösen beginnen. Die Vernichtung eines sozialen Raums durch ein Subsystem nennen wir *Revolution*, die Übernahme durch einen konkurrierenden Raum *Eroberung*. Letztere muss dabei nicht notwendig kriegerisch erfolgen. Tatsächlich stellt die inhärent ineffiziente militärische Annexion nur eine Ausnahmeerscheinung der Eroberung dar. Häufiger sind wirtschaftliche oder kulturelle Übernahmen. Der Westen hat die Welt nicht im Krieg erobert, wenn auch seine militärische Stärke eine gewichtige Rolle spielte: Er schuf wirtschaftliche und politische Abhängigkeiten und exportierte zeitgleich seine Kultur, d.h. sein Ideologie, sein Dogma usf.

Morbide Ideologien erzeugen im Einklang mit dem sozialen Dogma Alltäglichkeiten, in denen die Grundbedürfnisse der ersten beiden Klassen signifikant vernachlässigt und die daraus folgenden Mangelerscheinungen durch Genüsse der dritten Klasse gedämpft werden. Dieser fatale Reigen von Aushungerung bei gleichzeitiger Überfütterung hinterlässt das infizierte Individuum unglücklich, verstört, verwirrt, psychisch und physisch krank, lebensunfähig, kinderlos, bindungsunfähig usf. Selbst jene *scheinbaren* Aufgaben und Arbeiten, die in einem hochentwickelten sozialen Gefüge meist nur noch existieren, um das Individuum zu beschäftigen, können sie nicht mehr wahrnehmen. Die verlorene Generation der us-amerikanischen Millenials zeigt uns die schrecklichen Wirkungen morbider Ideologie.

Im Kern negieren diese Ideologien das natürliche Menschsein, d.h. die Existenz gemäß der Grundbedürfnisse. Sie greifen diese Grundbedürfnisse freilich nie direkt an, sondern kreieren eine Alltäglichkeit, in der jene marginalisiert und vernachlässigt werden. Die Vernachlässigung geschieht nicht willkürlich, sondern beiläufig: Sie erscheint als Nebenfolge des eingeschlagenen Lebensweges und -stiles, wo sie häufig als bewusste Entscheidung gerechtfertigt oder als deren Konsequenz in Kauf genommen wird.

Ich möchte die drei wesentlichen ideologische Richtungen vorstellen, die die sozialen Räume der westlichen Zivilisation zersetzen: Genderismus, Sozialismus, Relativismus. Diese Richtungen bilden in sich ganz verschiedene ideologische Konzepte aus, die teils gemeinsame Schnittmengen haben, teils in vermeintlicher Konkurrenz zueinander stehen, immer aber das Individuum mit sich selbst entfremden.

Genderismus bezeichnet Ideologien wie den Third- oder Fourth-wave Feminismus, Transgenderismus und die dutzenden von anderen Spielarten dieser Weltanschauungsphilosophie. Der Grundgedanke des Genderismus, sozusagen sein kleinster gemeinsamer Nenner, ist, dass das Geschlecht keine biologische Disposition darstellt, sondern vielmehr eine soziale Konstruktion und als solche beliebig veränderbar ist.

Genderismus, um es herunterzubrechen, zielt darauf ab, natürliche geschlechtliche Differenzen durch

Sozialisierung und Konditionierung aufzuheben. Er bedient sich dabei jener Mechanismen, die er selbst entdeckt zu haben glaubt und die er paradoxerweise für die vorherrschende Geschlechtertrennung verantwortlich macht. Als soziale Lebewesen sind Menschen anfällig für soziale Propaganda. Sie lernen notwendig Werte und Dogma, Verhaltensweisen und -präferenzen, endlich auch Interpretationsmodelle für die Wirklichkeit innerhalb einer sozialen Alltäglichkeit – wir sprachen darüber. Diese *Anfälligkeit* sucht nun der Genderismus auszunutzen. Er strebt mittels pädagogischer Propaganda und frühkindlicher Indoktrination eine „Aufklärung" an, die den natürlichen Prozess der körperlichen Reifung und die ihm folgende Herausbildung einer geschlechtlichen Identität radikal in Frage stellt. Die anfällige und für alles offene Kindheit nimmt diese Belehrung unkritisch an. Der Jugend wird sie unter dem Deckmantel der Progressivität dargeboten, welche ihrem stürmenden und drängenden Charakter nahe steht. Es ist ja ihre Aufgabe als *neue* Generation, die notwendigen, bzw. unvermeidlichen Veränderungen des sozialen Raums in eine neue Alltäglichkeit zu überführen.

Die Folgen des Genderismus sind für den Einzelnen so katastrophal wie für die Gesamtgesellschaft. Geschlechtlichkeit ist ein wesentlicher Bestandteil des körperlichen Selbstempfindens. Sie formt und indiziert dabei nicht nur bestimmte Verhaltensweisen, sondern schafft auch Identität, was das friedliche Ruhen eines Charakters, einer Seele im Gefüge des eigenen Leibes bedeutet: Selbstgewissheit. Wem die eigene Geschlechtlichkeit als etwas erscheint, das falsch, ja vor dem prüfenden Blicken des sozialen Dogmas sogar inhärent verwerflich, böse ist, der ist zum Unglücklichsein verdammt, weil er immer im Krieg mit sich selbst stehen, weil er den eigenen Leib und dessen urtümliche Triebhaftigkeit wie einen Feind betrachten muss.

Das Drama hat aber an diesem Punkt noch lange nicht seinen schrecklichen Höhepunkt erreicht. Das Leben erträgt nie kampflos seine Minderung. Das Kranksein ist reflektorische Antwort des Lebens auf seine Anfechtung mit dem Ziel, den Zustand der Gesundheit wiederherzustellen – und wenn es das Leben selbst kosten sollte. In Falle geschlechtlicher Entzweiung sucht dieser Reflex folgerichtig die verlorene Einheit des Individuums mit sich selbst wieder herzustellen. Der sich selbst Entfremdete unterwirft zu diesem Zweck entweder seinen Geist oder – schlimmer – seinen Leib den ungeheuerlichen Forderungen, die ideologisch an ihn gestellt werden: Männer versuchen wie Frauen, Frauen wie Männer zu sein. Sie tragen die Kleidung des anderen Geschlechts und spielen dessen Verhaltensweisen nach. Im übelsten Fall lassen sie sich chirurgisch verstümmeln.

An dieser Stelle bitte ich, mich nicht falsch zu verstehen. Das Leiden einer Person, die sich in ihrem Körper fremd fühlt, ist *echt* und rechtfertigt eine Behandlung, die im Notfall auch radikal sein muss. Die Ursache des Leidens aber ist die Frucht einer toxischen Ideologie. Die massive Zunahme dieses Krankheitsbildes und seiner Behandlung in den letzten Jahren (seit 2005 über 100% Steigerung operativer Eingriffe) lässt darauf schließen, dass es sich hier auch nicht mehr um jenen natürlichen Bruchteil eines Prozentes der Bevölkerung handelt, bei dem die Natur „gepfuscht" hat, sondern um eine Modekrankheit wie Autismus, Aufmerksamkeitsstörungen, Depression usf., Krankheiten, die durch medizinische Indikation *gefunden* und mittels bewusstseinsalternierender Medikamente symptomatisch bekämpft werden. Ein Schelm, wer Böses dabei denkt.

Unter der Gestalt des *Feminismus* fördert der Genderismus eine Konkurrenz zwischen den biologisch aufeinander angewiesenen Geschlechtern. Das ist als würde die linke Hand mit der rechten streiten oder, um das vorangegangene Beispiel noch einmal aufzugreifen, als würde man sich in seinem Körper fremd fühlen. Dem Feminismus der Gegenwart (Third- oder Fourth-wave feminism) ist es nicht mehr daran gelegen, eine rechtliche Gleichstellung der Geschlechter einfordern – eine sehr berechtigte Forderung übrigens und eine der größten ethischen Errungenschaften des Westens! – sondern eine faktische, materielle Gleichheit einzufordern, von der man annimmt, ihre Nichtexistenz wäre lediglich der sozialen Konstruktion geschlechtlicher Rollenbilder geschuldet. Dem Unhold, dem man mit Fackeln und Heugabeln zu Leibe rückt, weil er kräftiger gebaut ist und schneller laufen, dafür aber nicht schwanger werden kann, trägt den Namen *Patriarchat*.

Nachdem Gender lediglich eine soziale Konstruktion ist, wird dem Individuum (mittels Indoktrination) die Möglichkeit eröffnet (richtig wohl: es wird von ihm erwartet), sich dieser boshaften Determination durch positive Identifikation zu entziehen. Unabhängig von allen biologischen Tatsachen soll sich das Individuum in ein anderes Geschlecht, in eine andere soziale Stellung, ja in eine andere Person durch bloße Imagination hinein transzendieren. Man *identifiziert* sich einfach als Mann, Frau, Gender fluid, Shitlord, Moslem, Außerirdischer, Katze oder und was nicht alles und zwingt dann sein Umfeld, sich entsprechend zu verhalten, ist es doch gerade das Verhalten des sozialen Umfeldes, das personale Identität konstruiert. Ich mach mir die Welt, widewide wie sie mir gefällt. Spielt das Umfeld nicht mit, beschwert man sich und weint und stampft mit den Füßchen auf. Wenn alle das Spiel mitspielen und sich so verhalten, als wäre man bspw. Pan-gender-lesbisch, dann ist das es eben so, dann kann man getrost in der Illusion seiner Wahnvorstellung weiterexistieren – ein erprobtes System von Dr. Tarr und Prof. Fethers, das uns erneut Poe´s prophetische Relevanz beweist.

Problematisch wird der Wahnsinn, wenn er in die Integrität Unbeteiligter einzugreifen beginnt. Ich spreche hier warnend von jener absonderlichen Diskussion, die „konsensuelle" Pädophilie straffrei stellen möchte. Die eingeschlagene Argumentationsrichtung lautet überspitzt: (1) Was kann denn der Pädophile dafür, dass er sich an Kindern vergehen will? (2) Und warum sollte man ihn bestrafen, wenn das Kind dem Missbrauch doch ausdrücklich zugestimmt hat, indem es das Bonbon nahm und in das Auto einstieg?

Die Krönung dieses Wahnsinns zeigt sich bereits in

Fällen von extremer und mutwilliger Selbstverstümmelung. Diese „Einzelfälle" werden in Zukunft stark zunehmen. Der Genderismus hat die Pforten der Hölle weit aufgestoßen, als er anfing, offensichtlich abnormes Verhalten zu affirmieren, anstatt es zu sanktionieren.

Body integrity identity disorder bezeichnet eine psychische „Krankheit", bei der eine Person sich mit ihrer Leiblichkeit dergestalt entzweit hat, dass sie wünscht, diese teilweise loszuwerden. Dieser Wunsch wird positiv als Identifikation z.B. mit einem Amputierten oder Blinden usf. formuliert. Anstatt diesen bedauernswerten Menschen die Hilfe zukommen zu lassen, die ihr Zustand offensichtlich erfordert, hat es die Ideologie des Genderismus soweit gebracht, dass die Herstellung des wahnhaft ersehnten Zustands tatsächlich als – noch – Ausnahmetherapie akzeptiert wird. Es gab bereits Fälle, in denen gesunden Menschen das Augenlicht genommen oder Körperteile operativ entfernt wurden, damit sie sich in ihrem Wahnsinn wohlfühlen konnten. Wenn Ihnen bei der Vorstellung ein bisschen schlecht oder zumindest mulmig zumute geworden ist, zeigt das ihre psychische Gesundheit an. Gott stehe uns allen bei, wenn die gesellschaftliche Ordnung sich dem Wahnsinn eines umfassenden Selbstvernichtungswillens beugt und jede noch so bizarre und abnorme Abscheulichkeit mit offenen Armen Willkommen heißt.

Fassen wir zusammen: Genderismus entzweit (1) das Individuum mit sich selbst, indem es einen ideologischen Keil zwischen Leib und Geist treibt, und (2) die Geschlechter, indem ihre natürliche Bezogenheit aufeinander als Konkurrenz reinterpretiert wird, ihre natürliche Verschiedenheit aber durch Indoktrination künstlich nivelliert werden soll. Die von dieser Indoktrination betroffenen Individuen werden psychisch vergewaltigt, verstümmelt und erleiden in der Folge traumatische Verwundungen an der Seele, die ein normales Leben gemäß der ersten beiden Bedürfniskassen praktisch unmöglich macht. Sie werden zu Geiseln und darin Agenten des sozialen Raums, dessen Fortbestand alleine ihr eigenes Überleben zu sichern vermag.

Sozialismus negiert das Individuum, indem er dessen ambivalentes Verhältnis zum sozialen Raum auf den Kopf stellt. Die hierbei sich ergebenden Paradoxien werden mittels eines radikalen Perspektivenwechsels geschickt ausgeblendet – wir sprachen davon. Die Geschichte erscheint als Klassenkampf, dem natürlichen Erkenntniswillen wird ein plumper Materialismus entgegengestellt, die komplexen treibenden und schöpferischen Kräfte werden zum simplen Sachzwang gemäß eines Ursache-Wirkungsschemas reduziert.

Die Grundaussage der sozialistischen Ideologie lautet, dass das Individuum, alles an und in ihm, Produkt seiner sozialen Lebensbedingungen sei. Diese Aussage ist, wie wir gesehen haben, immerhin halb zutreffend. Der soziale Raum und seine Alltäglichkeit werden hier allerdings auf die wirtschaftliche Aktivität seiner Bewohner – Arbeit – reduziert. Arbeit erzeugt im Zusammenhang mit Produktionsmitteln Produkte. Produkte und Produktionsmittel sind die Grundlage des Kapitals. Kapital strukturiert wiederum die Arbeit in einer Gesellschaft. Insofern fällt die Gesellschaft in zwei Klassen auseinander: Kapitalisten und Arbeiter. Das wäre Karlchen Marxen´s Kapitälchen im Nussschälchen.

Sozialismus beschreibt eine Vorform des Kommunismus, der das eigentliche utopische Ziel dieser Ideologie darstellt. Der Kommunismus bezeichnet eine klassen- und staatenlose Gesellschaft, deren idealerweise komplett maschinell erzeugten Produkte nicht nach dem Eigentum an Kapital oder der erbrachten Arbeitsleitung, sondern nach den Bedürfnissen des Individuums verteilt werden. Der Sozialismus nähert sich dieser Utopie an, indem er die Klasse der Kapitalisten durch den Staat ersetzt. Der Staat ist der letzte verbleibende Kapitalist. Dieser kontrolliert sämtliches Kapitel und alle Produktionsmittel; er verteilt die Produkte an die Bevölkerung gemäß der Bedürfnisse des Individuums, welche er definiert. Sobald die Produktion durch technologische Neuerung komplett in die Hand der Maschine übergegangen ist und die Bevölkerung durch beharrliche Indoktrination die Werte des Kommunismus gänzlich verinnerlicht hat, wird der Staat obsolet und – Puff! – verschwindet im Nirwana. So die Theorie.

In der Praxis erwiesen sich sämtliche sozialistischen Experimente als instabil und sprichwörtlich mörderisch. Fast kein sozialistisches System hat bislang länger als wenige Jahrzehnte bestanden. Entweder es ging schlichtweg unter (z.B. Sowjetunion) oder es gab signifikante Teile seiner Praxis auf, um das Gesamtsystem, vor allem aber die herrschenden Machtstrukturen, zu erhalten (z.B. China). Bei Ausnahmen wie den Diktaturen Kubas und Nordkoreas spielen weitere Faktoren mit in die Rechnung. Diese besonderen Entitäten verdanken ihre Existenz mächtigen Alliierten. Zudem bilden kleinere Bevölkerungen grundsätzlich stabilere Systeme.

Trotz dieser offensichtlichen Misserfolge ist die Ideologie des Sozialismus noch immer nicht gestorben. Das Gegenteil ist der Fall: Sie ist trotz katastrophaler Folgen für die betroffenen Systeme im Westen auf dem Vormarsch. Dass dies so ist, hat einen guten Grund. Die sozialistische Ideologie schenkt den geschwächten Räumen, die sie befällt wie ein Infekt, einen schnellen Tod.

Sozialistische Revolutionen entstehen entweder „spontan" nach dem Zusammenbruch eines sozialen Raums – so in Russland, Deutschland oder China während und nach dem ersten Weltkrieg – oder schleichend in niedergehenden, doch für sich genommen sehr erfolgreichen Systemen – ich meine die gegenwärtigen Staaten des Westens, wobei die zentral-, süd- und nordeuropäischen Staaten sowie Kanada stärker, die osteuropäischen Staaten, die USA, Australien und Neuseeland schwächer betroffen sind. Russland schlage ich der westlichen Zivilisation nicht zu, wenngleich eine gewisse Verwandtschaft mit der europäischen Kultur nicht zu leugnen ist.

Der Sozialismus dekonstruiert die Gesellschaft, indem er jene chaotisch-vitalen Kräfte, die durch das freie Individuum in ihr wirken, radikal entmenschlicht. Dabei bleibt das Individuum im Gegensatz zum

Genderismus oft scheinbar unversehrt. Vielmehr wird das Verhältnis der Person zu ihrem sozialen Umfeld ideologisch umgestaltet. Die Person soll nicht mehr in an und ihrem Umfeld wirken, sondern wird jenem ganz unterworfen. Der Staat erscheint in der sozialistischen Alltäglichkeit als Gottheit, die Bürokratie als alternativlose Ordnung, die akzeptiert werden muss. Jegliche chaotische Vitalität wird erdrückt, das Genie ausgerottet. Der Einzelne wird in seinen Grundbedürfnissen zwar noch leidlich erhalten. Er muss nicht hungern, nicht dursten, nicht frieren – viel mehr hat er aber auch nicht als Entlohnung stillschweigender Kollaboration zu erwarten. Die Bedingungen sind zu Beginn meist noch ausreichend für eine stete, doch langsame Reproduktion des Lebens – am Anfang, wenn im Zuge der Zwangskollektivierung noch Ressourcen enteignet und neu verteilt werden können. Hier sorgt die sozialistische Gesellschaft für das für ihren Erhalt absolut notwendige Minimum. Die kleinste Störung im Getriebe – häufig selbst verursacht durch die paradoxe Vernichtung von Produktionsmitteln – führt jedoch fast immer zu einem jähen Abfall in der Geburtenrate. Die ehemaligen Staaten der Sowjetunion leiden noch heute, über zwanzig Jahre nach dem Kollaps, an den Spätfolgen des Zusammenbruchs. China bildet hier eine Ausnahme. Der soziale Raum war hier lange Jahre nicht an einer behutsamen Mehrung seiner Bevölkerung interessiert, sondern an deren Reduzierung. Die katastrophalen Wirkungen dieser Politik sind vor allem auf dem Land spürbar. Hinter der Fassade eherner Machtverhältnisse und erfolgreicher Wirtschaftspolitik ist die Volksrepulik ein zutiefst instabiles System, dessen bevorstehender Zusammenbruch die Welt in den kommenden Jahrzehnten in Atmen halten wird.

In der Folge der Überformung seines Verhältnisses zu sozialem Raum verkommt der *äußere* Mensch, der handelnde, wirtschaftende, um sein Dasein besorgte, schaffende und schöpferische, zu einer roboterhaft agierenden Funktionseinheit. Er steht seiner Arbeit, nein, dem Wert seiner Arbeit bald völlig beziehungslos gegenüber. Er schafft nicht, um zu leben, um zu überleben. Diese natürliche Ordnung hat der Sozialismus überwunden – er hält sie für defizitär. Der Mensch arbeitet nicht, um zu leben, sondern er lebt und wird erhalten, um zu arbeiten. Seine Arbeit nährt ihn nicht. Sie nährt den Staatsgott, der in einem Akt der Barmherzigkeit, seine Gläubigen ernährt – er öffnet seine Hand und erfüllt alles, was da lebt, mit Segen. Man darf an dieser Stelle nicht den Fehler machen, hier doch noch ein irgend wirksames Do-ut-des-Prinzip am Wirken zu sehen. Der Arbeiter arbeitet nicht, um zu bekommen. Er arbeitet aus Zwang und erhält aus Gnade. Dies beschreibt dann auch den Status des Individuums in einem sozialistischen Raum: Es ist weniger als ein Sklave, nurmehr ein ökonomischer Partikel, der keinen Wert innerhalb und außerhalb des ihn er- und enthaltenden Systems besitzt. Es ist insofern auch gar nicht verwunderlich, warum gerade sozialistische Systeme ohne den geringsten ethischen Vorbehalt das millionenfache Sterben ihrer Bewohner zulassen und sogar forcieren. Man denke nur an die Opfer des Stalinismus oder der Kulturrevolution des Maochinas.

Die Entwertung menschlicher Tätigkeit zeitigt zwei Folgekomplexe: Der erste ist allgemein bekannt und zeigt sich in der verlangsamten wirtschaftlichen Entwicklung sozialistischer Gesellschaften. Der Mensch ist als Naturwesen faul, d.h. er rationalisiert seine Kräfte und reduziert seine Tätigkeit generell auf das für seine Grundbedürfnisse notwendige Maß. Erst die durch glückliche Umstände oder planvolle Entwicklung von Werkzeugen und Arbeitstechniken hervorgehende Überproduktion (Reichtum) erlaubt ihm, freigewordene Ressourcen an Zeit und Material in die Entwicklung von höheren Bedürfnissen und ihre Befriedigung zu investieren. Sozialistische Systeme schöpfen die etwaige Überproduktion in den seltenen Fälle ihres Vorkommens dagegen ab, um den sozialen Raum institutionell weiter zu verfestigen, ohne dadurch die gesellschaftliche Praxis signifikant zu verbessern. Der sozialistische Prunkbau ist das paradoxe Symbol dieser Misswirtschaft. Die Entwertung der Überproduktion bzw. ihr Diebstahl führt notwendig zu einem Rückgang an individueller

Produktivität. Der wirtschaftliche Schöpfungswille erlahmt. Er verlagert sich in den privaten Bereich, vornehmlich in solche Nischen, die dem Raubstaat nicht zugänglich sind: Oft primitiver Hedonismus, seltener Ästhetizismus.

Der zweite Folgekomplex trifft die individuelle Lebenspraxis. Der Mensch ist ein Gewohnheitstier. Die kontinuierliche Entwertung seiner Arbeit in Kombination mit einer gemeinhin sichergestellten Versorgung mindert in ihm, wie gesagt, den natürlichen Schöpfungsdrang, der die Existenz als solche maßgebend definiert. Das Individuum wird lethargisch, wobei diese Lethargie keinesfalls nur die äußere Tätigkeit betreffen muss. Viel häufiger kommt es zu einer sonderbaren Erschlaffung der *seelischen Spannkraft*, deren augenfälligste Wirkung ein ethischer Relativismus ist, eine Art Sumpfsinn, Gleichgültigkeit oder wie Oswald Spengler das im Zusammenhang mit dem entnervten Stadtmenschen nennt: ein *Fertigsein*.

Was hat es mit dem *ethischen Relativismus* des Westens auf sich? Nun, die Frage nach der *Moral in einem sozialen Gefüge* wird im Bereich von dessen Ethos diskutiert. Die maßgebenden Organe, bzw. Subsysteme sind beispielsweise Religion, übernommene Sitte, Tradition, Moralphilosophie, philosophische Ethik usf. Das je herrschende Dogma bildet dabei die unsichtbare Achse der Waage. Gut ist, was sozial-dogmatisch angemessen, schlecht, was unangemessen ist. Dass die Moralphilosophien versuchen, ihre Urteile irgend *allgemeingültig* zu begründen, ist eine Besonderheit des Westens und mit dessen Vorliebe für formale Logik zu erklären. Die primäre Aufgabe der Moralphilosophie ist nicht, gut und böse zu finden und voneinander zu scheiden, sondern den Entscheid zu begründen: Gut und Böse sind vom jeweiligen sozialen Dogma stillschweigend bereits als das ihm Förderliche bzw. Schädliche definiert.

So ist es beispielsweise keine legitime Frage, ob Mord, Diebstahl, Gewaltanwendung usf. gut oder böse sind. Das Problem der Moralphilosophie ist vielmehr zu begründen, warum der Mord innerhalb eines sozialen Raums unangemessen und außerhalb, z.B. im Falle des Kriegs, angemessen ist. Ich habe während meiner Doktorandenzeit an einem Lehrstuhl für theologische Ethik gearbeitet. Dort habe ich den Zenit solcher Heuchelei miterleben müssen. Wir diskutierten die Abtreibungsfrage. In meiner grenzenlosen Naivität versuchte ich Gründe und Argumente für oder gegen eine freie Wahl der Mutter zu finden. Der katholische Professor pfiff mich schnell zurück. Er sagte sinngemäß, es gehe nicht darum, zu prüfen, ob Abtreibung eine amoralische Handlungsweise darstelle, sondern Gründe zu finden, warum die gesetzliche Regelung in Deutschland die bestmögliche Lösung für dieses Problem sei – „Wes Brot ich ess, des Lied ich sing."

Bestehen die Wertungen „Gut" und „Böse" in einem sozialen Gefüge immer nur im Hinblick auf dessen Existenzbedingungen und -erfordernissen, so gilt das Gleiche für das Individuum. Gut ist alles, was diesem nützlich ist. Die Nützlichkeit ist wiederum klar in den ersten beiden Bedürfnisklassen formuliert. Die altruistische Rücknahme individueller Bedürfnisse, z.B. um Willen eines höheren Gutes, halte ich nicht für statthaft. Vielmehr stehe ich auf dem simplen Standpunkt, dass der Mensch als natürliches Lebewesen am Besten bedient ist, wenn er sein natürliches Dasein, d.h. dessen Bedürftigkeit, als Maß seiner Handlungen nimmt. Dass dieser radikale Egoismus durchaus sozial kompatibel ist, ergibt sich aus den Umständen und Notwendigkeiten grundlegender Bedürfniserfüllung: Der Mensch braucht andere, um zu überleben. Insofern ist dem Egoismus hier eine natürliche Grenze gesetzt, bzw. eine altruistische Dimension einverleibt. Man kann dieses Dogma mit Nietzsches Hilfe sogar universal fassen: Gut ist alles, was das Leben erhält und seiner Mehrung dient. Über diese Hintertür lässt man altruistische Verhaltensweisen wieder zu, etwa, wenn sich Eltern für ihren Nachwuchs opfern. In ihnen wird ihr eigene Leben verjüngt, erhalten und potentiell weiter gemehrt.

Diese *Ethik des Lebens* definierte den Ethos

früherer Gesellschaften ganz *natürlich*, lange bevor man sich ausdrücklich mit moralischen Problemen zu beschäftigen begonnen hat. Dass man sein Essen mit den Mitgliedern des sozialen Kleinstraums teilt, ist natürlich. Dass die Distribution von Gütern sich nach individueller Bedürftigkeit und Wertigkeit richtet, ergibt sich aus den Erfordernissen des Überlebens. Der Brotverdiener nimmt das erste und, wenn erforderlich, auch das beste Stück, weil er um Willen der anderen bei Kräften bleiben muss. Danach kommen die Söhne, die Frau, die Töchter, schließlich die Alten usf. zum Zuge – je eingebettet in eine *natürliche Hierarchie,* bewertet nach dem jeweiligen Beitrag, bzw. Beitragspotential zum allgemeinen Über- und Wohlleben. Diese natürliche Ordnung mutet dem Zivilisationsmenschen mithin grausam an. Sie erscheint als etwas, das überwunden werden müsste. Denn, dass in Zeiten des Mangels die schwächsten Mitglieder auf der Strecke bleiben, ist ein integraler Mechanismus dieser natürlichen Ordnung und schreckt den schwachen, d.h. lebensunfähigen Menschen *natürlich* ab. Da der Prozess der Zivilisierung aber gerade diese Schwäche fördert, haben wir es mit vielen potentiellen Opfern zu tun, die selbstverständlich gegen ihre eigene Benachteiligung protestieren.

Die natürliche Ordnung mutet archaisch an. Dabei wirkte sie und wirkt noch immer zum Wohle des Leibwesens und zum Schrecken des sozialen Raums der Gegenwart. Noch in den 50er Jahren des letzten Jahrhunderts war die physische und psychische Gesundheit ein zentrales Kriterium der Partnerwahl. Diverse Ratgeber wie das berühmte „Hausbuch für die deutsche Familie" bezeugen das. Der Aufstieg der medizinischen Praxis erzeugte indes einen dogmatischen Paradigmenwechsel. War die Medizin bis in die 50er Jahre hinein noch ein richtig gehendes Handwerk, das sich, grob gesagt, mit der Reparatur der Körpermaschine beschäftigte und dabei den mechanischen Anteil in den Vordergrund stellte, so ist die moderne Medizin eher der Alchemie verwandt. Ihr Fokus liegt auf der Beeinflussung körperlicher Aktivität durch Medikamente. Die frühere Medizin arbeitete am Körper, die moderne zaubert an ihm. Ein nicht zu unterschätzender Teil der Popularität dieser Zauberei wird durch den sozialen Raum selbst erzeugt. Er möchte, dass *man* an die Wirksamkeit des Zaubers glaubt. Dieser Glaube muss demnach beständig gestärkt und affirmiert werden. So bildete sich der Mythos von der allmächtigen Medizin und den Göttern in Weiß. Der soziale Raum propagiert diesen Mythos aggressiv. Groschenheftchen und TV- Produktionen wie Schwarzwaldklinik, Emergency Room usf. sind in diesem Zusammenhang als wirklichkeitsbildende Maßnahmen zu verstehen: Der Arzt als Engel, Übermensch, als Priester im sakral-weißen Gewand; die Medizin als seine allmächtige Magie, die selbst den Tod zu überwinden vermag. Früher betete man zu Gott um Rettung, heute bettelt man den Arzt an.

Ich behaupte freilich nicht, dass die moderne Medizin Scharlatanerie ist. Ihre Erfolge sind augenfällig und über jeden Zweifel erhaben. Indes ist ihre Allmacht im Angesicht der kranken und immer kränker werdenden Bevölkerung des Westens durchaus zweifelhaft.

Zurück zur natürlichen Ordnung. Diese kennt gut und böse als das, was dem Leben förderlich und abträglich ist. Das Individuum als Körperwesen ist noch immer entsprechend getaktet. Der Anblick schöner, gesunder Menschen erfreut uns und umgekehrt. Diese Freude ist ein primitiver und zugleich überlebenswichtiger Reflex. Im gesunden Gegenüber erkennen wir den potentiellen Partner, der uns schöne und gesunde Nachkommen schenken wird – zweite Bedürfnisklasse. Wir sehen aber auch einen starken Alliierten, der uns helfen kann, in einem ungeordneten natürlichen Raum zu überleben – erste Bedürfnisklasse. Die Werbung, die ja den instinktiv-emotionalen Komplex der Psyche ansprechen will, bedient sich „schöner" Menschen, um das positive Empfinden, das mit ihrem Anblick verbunden ist, mit einem Produkt zu verknüpfen.

Die sozialen Räume des Westens haben sich von dieser natürlichen Ordnung weit, sehr weit entfernt. Gesundheit und körperliche Integrität spielen im

Zeitalter der allmächtigen Medizin keine große Rolle mehr. Schönheit wird immer mehr zur Frage der Mode, der Bekleidung, der Einstellung. Sie wird nicht mehr gefunden, sondern bewusst und planvoll erzeugt. Die Mode bietet ein hervorragendes Beispiel, diesen Zwiespalt zwischen echter und konstruierter Schönheit aufzuzeigen. Der Leser dieser Zeilen sollte tief Luft holen und die Brille der sozialen Wirklichkeit kurz von der Nase nehmen. Dann sollte er sich einen beliebigen Modekatalog anschauen und die Frage ehrlich beantworten, ob das, was er sieht, *schön* ist, ob es wirklich gefällt, oder ob er nur das drittklassige Bedürfnis empfindet, es schön finden zu müssen, weil es ihm eben in Gestalt eines Katalogs als „modisch" vorgesetzt wurde. Tatsächlich ist ein Großteil der Mode der letzten Jahrzehnte nicht nur unpraktisch, sondern auch in einem ganz objektiven Sinn hässlich. Warum hässlich? Weil sie den Körper des Trägers entweder unvorteilhaft exponiert oder unvorteilhaft versteckt. Dazu kommen Färbung und Musterung – als ob man eine Tapete wäre… Mode funktioniert dementsprechend nur in einem Gefüge, in dem diese *Mode als Uniform* akzeptiert wird. Ein einfaches Gedankenspiel beweist diesen Zusammenhang. Jeder von uns hat in der Jugend diverse Moden mitgemacht. Trug er nicht die zerrissene Jeans, die Schlaghose oder die in den Kniekehlen hängende Baggypant, fühlte er sich unter Seinesgleichen unwohl, ja nackt. Würde man heute die gleichen Kleidungsstücke z.B. bei der Arbeit tragen, würde man sich wiederum sehr unwohl fühlen. Das Wohlgefallen hat also nichts mit der Mode selbst zu tun, sondern mit einer im sozialen Feld produzierten Vorstellung von ihr. Um die lächerlichen Verkleidungen an den Mann und die Frau zu bringen, bedient man sich des Models. Dessen Schönheit soll die abstruse Hässlichkeit des Kleidungsstücks überstrahlen und andererseits durch positive Identifikation den Konnex zwischen Produkt und Empfindung herstellen. Darum läuft im Westen ein guter Teil der Bevölkerung in Clownskostümen umher, sinnlos bunt und grotesk unpassend, lächerlich und zum Heulen tragisch.

Der soziale Raum des Westens erzieht seine Bewohner zur *Toleranz* gegenüber intolerablen Pervertierungen der natürlichen Ordnung und des von ihr ausgehenden natürlichen Empfindens. Er muss dies tun, weil sein Krieg gegen die grundlegenden Bedürfnisse notwendig eine Degeneration natürlicher Verhaltens- und Sichtweisen erforderlich macht. Die Erosion der Existenz würde nicht hingenommen werden, wenn die Bevölkerung nicht gelernt hätte, sie zu akzeptieren, ja gutzuheißen und die Kritiker, die Propheten, die diese Missstände anprangern, zu verspotten, zu verachten, zu hassen. Der Verfall der natürlichen Sittlichkeit in der westlichen Zivilisation ist unbeschreiblich.

Die besorgniserregendste Folge des ethischen Relativismus ist jedoch *die bedingungslose Akzeptanz lebensfeindlicher Verhaltensweisen,* die dem lebensfeindlich gewordenen Dogma entwachsen. Die Bevölkerung des Westens nimmt achselzuckend das Böse hin, ja, sie heißt es vielfach unter der Gestalt unmenschlicher und unnatürlicher, dafür politisch korrekter Moralien sogar willkommen. Man denkt vielleicht jetzt an Dinge wie Rüstungsexporte in die sog. Dritte Welt, Umweltzerstörungen und dergleichen Späße. Doch diese Aufreger sind nichts als Ablenkungen von den echten Sünden des Westens. Dass dessen moralischer Kompass vom Magnetismus des sozialen Raums völlig irre gegangen ist, sehen wir an Paradoxien, wie dass einerseits Abtreibung erlaubt ist während andererseits die Todesstrafe in den meisten Nationen des Westens verboten ist. Dass begreife, wer will.

11

Apotheose der und Krieg gegen die Leiblichkeit

Der Vollständigkeit halber will ich diesen Punkt – der Krieg des sozialen Raums gegen den Menschen als Leibwesen – noch einmal aus einer anderen Perspektive beleuchten. Es geht nun um jenes sonderbare und scheinbar paradoxe Verhältnis, das der sterbende soziale Raum gegenüber der individuellen Leiblichkeit entwickelt. Denn einerseits vergöttert er das Fleisch, betet es in seinen Tempeln an und stellt es auf goldene Podeste, andererseits aber führt er einen absoluten Vernichtungskrieg dagegen, der sowohl in der passiven Akzeptanz als auch in der aktiven und aggressiven Affirmation von körperlich schädigendem Verhalten besteht.

Die westliche Zivilisation vergöttert den Körper – dies jedoch nicht in seiner natürlichen Form als etwas organisch Gewachsenes, sondern als etwas artifiziell Geformtes. Die griechische Statue orientierte sich an einer *natürlich-leiblichen* Idealität, die zwar in praxo nur selten in solcher Vollendung erschien, aber doch in den Körpern der Menschen zumindest teilweise anweste. Am Deutlichsten wird die Anlehnung an den natürlich vorkommenden Körper in jener feinen Fettschicht um die Hüfte sichtbar, die man spätestens seit der Erfindung des Korsetts so vehement zu verbergen sucht. Andere Elemente sind die dem Augenblick abgerungenen, dynamischen Haltungen und die sehr authentischen Züge, aus denen eine fühlende Seele spricht. Der geformte und gestaltete Körper der Gegenwart sucht dagegen in *allem* perfekt zu sein. Er ist statisch, ausdruckslos und in seiner Vollendung verfremdet. Er lässt seine natürlichen Ursprünge bewusst hinter sich, will ganz artifizielles Chiffre, Konstruktion sein. Nicht nur exzessives Bodybuilding, das Färben oder Entfernen der Behaarung, das künstliche Verändern der Hautfarbe durch Bleichung oder Bräunung, sondern auch sog. Schönheitsoperationen, also chirurgische Eingriffe, sind akzeptable Mittel der Gestaltung. Ziel ist nicht die Optimierung der eigenen Körperlichkeit innerhalb ihrer natürlichen Grenzen, sondern deren Transzendierung in ein künstliches Gefüge, das einem ebenso *künstlichen Schönheitsideal* entspricht. Der weibliche Körper wird um die Aspekte seiner Fruchtbarkeit oder auf diese reduziert, während man am männlichen Leib die ihm innewohnende rohe Kraft weichzuzeichnen versucht. Die weiblichen Magermodelle repräsentieren das Schönheitsideal des Westens in besonders luzider Weise. Diese Wesen, die mehr androgyn als weiblich aussehen, spiegeln die ästhetische Dimension des westlichen

Dogmas und seine radikale Lebensfeindlichkeit wider: Die Körperlichkeit dieser Dryaden erscheint unmenschlich, engelhaft, geschlechtslos; man bewundert sie, ohne sie begehren zu können; sie scheinen lebloser als selbst der kälteste Marmor. Die Züge sind verhärtet oder zum unpassenden Ausdruck einer grotesken Stimmung verzerrt. Die Frau des Westens trägt Männerkleidung: Jeans, Hemd, Pullover, Stiefel. Vielfach kürzt sie ihr Haar, das Schönste an ihr. Was zu allen Zeiten im westlichen Kontext als entwürdigende Verunstaltung, ja Schmach betrachtet wurde, genießt in der Gegenwart volle Akzeptanz. Selbst der männliche Kurzhaarschnitt für das Frauenhaupt ist in den Stand sozialer Orthodoxie aufgestiegen.

Das männliche Modell wird häufig entmännlicht, ja *entmannt* vorgestellt. Die archaische Brutalität, die aus der sehnigen Muskulatur spricht, nein schreit, wird weichgezeichnet. Glatte Haut, narbenlos, haarlos, überzieht die Körperform wie eine Folie. Mehr noch als das weibliche, wird das männliche Modell meist in statischer Pose abgebildet – Bewegung induziert Aggressivität, die an das Urtümliche erinnern würde. Weiterhin ist die Mode des Mannes zusehends verweiblicht. Enge Hosen, ausgeschnittene Blusen, bunte Musterungen, weibliche Farben (wer erinnert sich nicht des pinken Poloshirts der 2000er!), schimmernde Stoffe, Lackschuhe, ja selbst Röcke, Schmuck usf. sind kein Tabu mehr. Was in den vergangenen Jahrzehnten die genuine „Uniform" gleichgeschlechtlich Liebender darstellte, kleidet heute Jugendliche und Erwachsene aller Schichten. Man schämt sich nicht des weichen und femininen Stils, ja man heißt ihn willkommen – der Genderismus lässt Grüßen.

Der Krieg gegen die Leiblichkeit beginnt mit der Transzendierung der natürlichen Gestalt in die artifizielle. Der Mensch als Körper wird ästhetisches Prinzip: Er stellt sich selbst dar wie er sich *empfindet*, wir er *lebt*, d.h. in seiner Alltäglichkeit. Die ersten Höhlenmalereien zeigen den Menschen als Jäger. Erst mit der Erosion des Dogmas, welche, wie wir gesehen haben, in der späten Ästhetik eines sozialen Raums widerhallt, erodiert auch die Darstellung des Anthropos. Diese künstlerische Pervertierung ist sowohl Folge einer veränderten Innerlichkeit als auch deren Promotor im öffentlichen Raum.

Der Mensch ist programmiert zu schaffen. Die gestaltende Einwirkung auf die ungeordnete Umwelt ist überlebenswichtig und daher auch fest im Boden seiner Seelenlandschaft verankert. Das Werkzeug dieser Einwirkung ist der Körper, der Ideengeber Geist, der Wille Instinkt. Die erfolgreiche Wirkung auf die Umwelt erfüllt das Individuum mit tiefer Zufriedenheit. Wer einmal eine Wand gestrichen oder eine Hütte gezimmert hat, weiß, wie gut es sich auf einer sehr archaischen Ebene anfühlt, werkend, wirksam gewesen zu sein. Die Entfremdung des Individuums von seiner Körperlichkeit beraubt es seines primären Werkzeuges. Die Tätigkeit in einer primordial vorgestellten Außenwelt verlagert sich zunächst in den sozialen Raum (Technos) und später in eine Art Nirwana, wo sie keinen signifikanten Nutzen mehr für die Alltäglichkeit hat (Hyper-Technos). Das Habitat kann die natürliche Wirksamkeit seiner Bewohner innerhalb seiner Grenzen gar nicht zulassen. Sein Gewebe ist zu fragil, um Störungen ertragen zu können. Man darf den Rasen nicht betreten. Trotzdem vermag es aber auch nicht, den instinktiven Willen zu Wirken gänzlich auszuschalten. Der soziale Raum bietet dem Menschen daher Ersatzbefriedigungen an. Grundbedürfnisse werden von solchen dritter Klasse überlagert. Über das Maß wird der Geist gefordert. Man überflutet ihn mit Belanglosigkeiten und lässt dabei den Körper verkümmern, propagiert sogar diese Verkümmerung in Gestalt eines ästhetischen Ideals. Denn die androgyne Frau und der feminine Mann können sich mit ihrer emaillierten Leiblichkeit gar nicht gegen eine primordiale Umwelt durchsetzen, da jede Narbe, jeder gebrochene Nagel, jeder ausgefallene Zahn das Ideal, das sie nicht nur repräsentieren, sondern das sie *sind*, zerstören würde. Stattdessen sitzt man auf dem Sofa in einer klimatisierten Wohnschachtel und spielt Sand-Box-Spiele, Farmsimulatoren usf. Hier tritt der Hyper-Technos als bedingendes und exekutives Moment

erneut ins Bild, der Kreis schließt sich und ich glaube
mir daher weitere Erklärungen sparen zu dürfen.

Fassen wir zusammen: Das Dogma des sterbenden
sozialen Raums ist der Feind menschlicher
Körperlichkeit. Medizin, Kunst, Moral, die
Architekturen der Städte, die Aufteilung der Wohnungen
usf. erzählen die Geschichte eines Krieges der
artifiziellen Welt gegen die natürliche Ordnung. Nicht
der soziale Raum passt sich den Bedürfnissen des
Menschen an, sondern jener wird gezwungen, sich
seinen Erfordernissen unterzuordnen.

12

Aufstieg konkurrierender Systeme und Dogmen

Stirbt ein Habitat von innen her, sprechen wir von
einer Revolution. Dabei ist nicht die sog. politische
Revolution gemeint, die lediglich Herrschaftsstrukturen
moduliert oder zumindest vorgibt, dies zu tun. Es liegt
vielmehr eine Umwälzung des sozialen Dogmas vor.
Entweder wird dieses <u>grundlegend</u> moduliert
(Veränderung des Sinns unter Beibehaltung der Form)
oder ersetzt (Veränderung des Sinns und der Form).
Falsche oder unvollkommene Revolutionen sind im
Lebenszyklus eines sozialen Gefüges nicht unüblich.
Tatsächlich leben wir im Jahr 2017 in einer anderen
Gesellschaft als etwa im Jahr 1950, ohne dass sich die
Grenzen Europas oder die äußeren
Herrschaftsverhältnisse wesentlich gewandelt hätte. Die
Revolutionen waren vielmehr technischer und ethischer
Natur. Das je überkommene Dogma und der
geschwächte soziale Körper wurden von innen her
erobert und zwar von jenen Subsystemen, die diese
Schwäche parasitär nutzten und das entstandene
Sinnvakuum aggressiv ausfüllten. War, um ein Beispiel
zu nennen, der politische Westen der 50er Jahre
konservativ-libertär, so ist er in der Gegenwart
progressiv-sozialistisch. War die Bevölkerung des
Westens relativ homogen, sein Ethos von den Werten
eines christlichen Konservatismus geprägt, so haben wir
heute eine multikulturelle, bzw. a-kulturelle Gesellschaft,

185

deren Ethos nihilistisch, bzw. relativistisch ist. Ob die alte Welt gestorben und wir nun in einer Brave New World leben, kann erst mit einigem zeitlichen Abstand beantwortet werden: Wir und unsere Vorväter sind noch nicht Objekte der Geschichte, nur Zeugen.

Die nihilistische Umformung des westlichen Dogmas öffnet eine weitere Perspketive für das Verständnis des gegenwärtigen Niedergangs des gesamten Kulturraums. Eine nihilistische Gesellschaft glaubt nicht mehr an sich selbst. Sie hat auch das Letzte, ihren basalen Überlebenswillen, *überwunden* und wird so notwendig zum Opfer anderer, expansiv-aggressiver Systeme, denen sie sich selten passiv, weit häufiger mit geradezu masochistischer Hingabe in die Arme wirft.

Ein schönes Beispiel ist die germanische Eroberung des Weströmischen Reiches. Diese Eroberung geschah größtenteils durch simple Migrationsbewegungen.

Etwa ab dem 3. Jahrhundert beginnt das römischen Weltreich rapide zu verfallen. Korruption der Eliten, die Promotion lebens- und menschenfeindlicher Verhaltensweisen, primitiver Hedonismus, Geburtenrückgang, Rückgang in der landwirtschaftlichen und industriellen Produktion, Verlust außenpolitischen Einflusses, innere Spaltung, technologischer Niedergang usf. schwächten das soziale Gefüge zunächst inwendig, strukturell. Diese pandorischen Herde von Ungemachen und Kümmernissen entspringt einer inneren Krankheit, die uns als spätrömische Dekadenz bereits bekannt ist; dies in bewusster Abgrenzung zu jener gemeinhin unternommenen Verkürzung des Begriffs auf den Verfall der Sitten, d.h. des sozialen Ethos. Konkret starb das weströmische Reich durch die gotische Invasion. Die Bedingungen für deren Erfolg sind einige Jahrhunderte früher zu finden, sie beginnen mit einem starkem Geburtenrückgang. Der Mangel an Menschen ließ die Infrastruktur in weiten Teilen des Reichs kollabieren. Ganze Landstriche wurden entvölkert, Ortschaften aufgegeben. Selbst die äußerst fruchtbaren Böden Italiens lagen brach, sodass, als die Versorgung der städtischen Bevölkerung durch die Provinzen, vor allem über den Seeweg aus Ägypten, zusammenbrach, verheerende Hungersnöte entstanden und in der Folge blutige Aufstände ausbrachen. Der Mangel an Menschen betraf aber nicht nur den landwirtschaftlichen Bereich. Auch das Militär litt unter dem Mangel an Rekruten. So wurde seine Aufgabe, die weite Grenze des Nordens gegen den Druck meist unorganisierter Barbaren – wir nennen sie fälschlicher Weise Germanen, dabei haben wir es mit dutzenden verschiedener Nationen zu tun – zu verteidigen zunehmend schwerer. Am Ende entschloss man sich, den Bock zum Gärtner zu machen, und holte zuerst einzelne Stämme über die Grenze, um sie im Reich als Bauern anzusiedeln und die Reihen der Legionen aufzufüllen. Die Sache ging erwartungsgemäß schief. Weder waren die germanischen Stämme bereit, in einem dem Sklaventum sehr ähnlichen Stand (eine Art Protoleibeigenschaft, wo die Familie an eine bestimmte Scholle gebunden und zur Abgabe des Ertrags sowie zur Fronarbeit verpflichtet war) für ihre ihnen an Zahl und Macht unterlegenen – dafür in Bildung und höherem Genuss überlegenen – römischen Herren zu arbeiten, noch war ihnen daran gelegen, ihre durch Verwandtschaft verbundenen Brüder vom Eintritt in das Reich durch Waffengewalt abzuhalten. Das Gegenteil war der Fall. Germanische Legionäre, die bald zu militärischer Befehlsgewalt aufstiegen, siedelten oft eigenmächtig weitere germanische Stämme auf römischem Territorium an und bildeten Miniherrschaften aus. Ich empfehle an dieser Stelle das Studium des Lebens und Wirkens von Alarich I. – nirgends wird deutlicher, was die germanische Migration im römischen Imperiums angerichtet hat.

Man ist geneigt, sich zu wundern, wie es sein kann, dass eine überlegene Hochkultur Barbaren zum Raub fällt. Wie konnten die Israeliten die phönizische Hochkultur, wie die römischen Bauern das etruskische Königtum, wie die Seevölker die minoische Thalassokratie, wie die Germanen das weströmische Weltreich teils durch unterlegene Waffen, teils durch simple Migration erobern? Hätte nicht zu irgendeinem Zeitpunkt der Riese seine Kräfte einsetzen müssen, um

Mäuse und Ameisen, die über seine Füße krabbelten, zu verscheuchen? Allein, er konnte nicht mehr, denn sterbend war er seiner Kraft bereits beraubt. Ihm blieb nur die Augen zu schließen oder sein Ende abzuleugnen.

Die vehemente Rechtfertigung des Unvermeidlichen kennen wir aus der Traumaverarbeitung. Der Prozess, in Phasen gegliedert, beginnt mit einer aggressiv-defensiven Haltung gegenüber dem prophezeiten Eintritt der Katastrophe und endet mit einer passiv-zustimmenden Akzeptanz. Dieser psychologische Mechanismus dient der Erhaltung des individuellen Lebens. Er stellt einen Reflex dar, der den Todgeweihten am Anfang selbst gegen alle Chancen zum Kampf herausruft – liegt nicht auf dem Grunde jedes pandorischen Krugs noch ein Gran Hoffnung? Der gleiche Reflex zwingt ihn jedoch am Ende das Unvermeidliche zu akzeptieren, damit der innere Zwang zur Gegenwehr von ihm weicht und er zumindest die verbleibende Zeit sinnvoll, d.h. lebensfördernd und -mehrend nutzen kann. Im Zusammenhang mit einem Aggressor zeitigt dieser Mechanismus ein Phänomen, das wir als „Stockholm-Syndrom" kennen – eine positive und die eigenen, höheren Lebensinteressen verleugnende Identifikation des Opfers mit dem Aggressor, des Unterlegenen mit dem Triumphator, um Willen der Rettung des nackten Lebens.

Der gleiche psychologische Mechanismus liegt im sozialen Raum vor. Er kann und wird seinen Niedergang nicht zugeben. Er leugnet ihn, muss ihn leugnen, um nach innen, gegenüber seinen Bewohnern, bewegungsfähig zu bleiben, plausibel, alternativlos – wir haben nicht vergessen: der soziale Raum existiert allein in der Vorstellung seiner Bewohner, deren Wirklichkeitskonzeption er wechselwirksam hervorbringt und beeinflusst. Am Ende jedoch heißt das sterbende System in einer letzten grotesken Kraftanstrengung seinen Vollstrecker willkommen, ja, es biedert sich ihm geradezu in der Hoffnung an, wenigstens einige Kernelemente des eigenen, fallenden Dogmas in das fremde, aufsteigende hinüberretten zu können. Und tatsächlich bleiben, wie Coles uns im

düster-anziehenden Finale seines Zyklus „Desolation"
gezeigt hat, immer Reste, Ruinen übrig, die von den
Siegern übernommen werden *können*.

Der Marienkult des sozialen Gefüges der
katholischen Religion bildet ein Beispiel für eine solche
Übernahme. Innerhalb des Katholizismus ist der
Marienkult, d.h. die Anbetung Marias, offene Häresie.
Trotzdem wurde seine Verbreitung zugelassen und
gefördert, weil sie die „Eroberung" (Konvertierung)
verschiedener heidnischer Systeme enorm erleichterte.
Die archetypische Gestalt einer weiblichen Gottheit, die
einen wichtigen Gott gebiert, also das theologische
Konzept einer Gottgebärerin, einer Muttergottes, einer
Urmutter usf., war sowohl in der griechisch-römischen,
als auch in der nordafrikanischen (Isis-Kult),
kleinasiatischen und später in der nordischen Religion
bekannt und erzeugte so einen Vorschuss an Plausibilität.
Gleiches gilt für den göttlichen Heroen, der in die
Unterwelt absteigt und wiederkehrt – z.B. Orpheus,
Odin, Persephone, Osiris.

Ich möchte zum Abschluss noch ein leuchtendes
Beispiel für die Anbiederung eines sterbenden an ein
eroberndes System geben. Der römische Kaiser Marcus
Antonius ist der Nachwelt unter dem Name Marcus
Caracalla bekannt. Marcus regierte Ende des 2. Anfang
des 3. Jahrhunderts über ein Reich, das bereits deutliche
Anzeichen des Niedergangs zeigte. Caracalla ist ein
Spitzname, den der Kaiser von seiner Gewohnheit
erhielt, einen *Caracalla*, einen germanischen Überwurf
bei Hofe zu tragen. Auch ahmte er stereotype
barbarische Verhaltensweisen nach, benahm sich
allzumal „wild" und trug eine blonde Perücke. Sein Hof
tat es ihm gleich – das Germanische war eine Mode, die
die aufsteigende Macht bereits antizipierte. Anstatt sie zu
bekämpfen, z.B. durch Spott oder Gesetze, war die
innere Schwächung bereits so weit vorgeschritten, dass
man das Neue trotz seiner barbarischen Primitivität
bereitwillig annahm, und vielleicht sogar eine
notwendige Erneuerung darin sah. Denn der Germane
galt als stark, wild, kriegerisch, während der Römer
jener Zeit verweichlicht, sittenlos und gänzlich dekadent

war.

Der Erfolg des Islam in den sozialen Räumen des Westens, vornehmlich in den europäischen Nationen, liegt in seiner rigorosen Sittlichkeit, die ein Gegenkonzept zur genannten Leib- und Lebensfeindlichkeit unserer artifiziellen Welt bildet. Der islamische Ethos tritt sowohl dem Genderismus als auch dem pornographischen Hedonismus mit unverhohlener Radikalität und Kompromisslosigkeit entgegen. Darum ist die öffentliche Diskussion auch um das an sich nebensächlich Kopftuch entbrannt. Es ist das Symbol eines neuen Ethos, das der Ankunft eines neuen Dogmas wie ein Herold vorausgeht, und das bestehende westliche Dogma mit unversöhnlicher Kraft und bedingungsloser Entschlossenheit in Frage stellt.

13

Zusammenfassung

Der Untergang unserer Zivilisation ist nicht auf eine spezifische äußere Ursache herunterzubrechen. Vielmehr haben wir es mit einer natürlichen Erosion zu tun, einer Alters- und darin Lebensschwäche. Die unmittelbare Ursache des Todes, wenn man eine solche überhaupt benennen möchte, kann je nach eingenommener „historischer" Perspektive variieren. Der Weg aber, der zum Untergang führt, ist vorgezeichnet, sein Ende unausweichlich.

Das Geschöpf, der soziale Raum, vernichtet seinen Schöpfer, das Individuum, so wie Kronos seine Vater Uranos entmannte, so wie Zeus seinen Vater Kronos verbannte, so wie der Christengott die Olympier schlug, so wie die gesichtslosen Götter des Materialismus, Szientismus und Sozialismus die magische Wirklichkeit der Religion überwinden werden, um selbst von etwas uns noch Unbekanntem verzehrt zu werden. Der Mensch ist gezwungen, soziale Räume zu schaffen. Es ist ihm ein natürliches Bedürfnis und für sein Überleben unabdingbar. Aber ebenso unabdingbar ist es, dass diese Konstruktionen wieder einstürzen, um Raum für neue Welten zu schaffen. Diese Kollapse fordern Opfer, an

Leben, an Kultur, an Errungenschaften. Aber sie sorgen auch immer wieder für neue Freiräume. Auf den Ruinen des Alten wächst Neues.

Unsere Zivilisation stirbt an ihrem Erfolg. Sie hat den Kampf ums Dasein und darin es selbst überwunden, denn Dasein bedeutet, nach Höherem streben, Widerstände überwinden, sich abkämpfen und abarbeiten. Erlahmt dieser Kampf, erlahmt der Wille zum Leben. Es selbst degeneriert zum sinnlosen Dahinvegetieren. Die Kräfte schwinden bis kleinste Störungen im sozialen Gefüge genügen, das Ganze Konstrukt ins Wanken zu bringen: Für einen alten, kranken Leib ist selbst die harmloseste Erkältung lebensbedrohlich.

Die Zeichen unseres Niedergangs haben wir überblickt. Sie greifen ineinander. Keines kommt ohne das andere aus, wobei die Gewichtung je nach Situation des Habitats durchaus verschieden sein kann. Das Endresultat wird das selbst bleiben: Der Untergang des Westens ist beschlossene Sache.

Epilog

1

Ich will dieses Buch nicht mit einer vermeintlich düsteren Feststellung beenden. Der Tod unserer Zivilisation ist nichts an sich schlechtes, sondern etwas natürliches, und so unvermeidlich wie ihre Geburt und ihr Aufstieg. Ein Lebenszyklus ereignet sich. Er ist indifferent. Er kann und darf nie Gegenstand einer Kritik werden, noch sollte man ihn verleugnen. Es darf uns daher auch nicht darum gehen, unsere Zivilisation retten zu wollen. Nicht nur wäre ein solches Vorhaben notwendig zum Scheitern verurteilt, es würde zudem den qualvollen und zu gleich heilsamen Prozess des Niedergangs im besten aller Fälle nurmehr verzögern, hinauszögern. Vielmehr sollten wir nach dem *Neuen* Ausschau halten, das bereits in unserer Mitte existiert und keimt, wenn auch dogmatisch ausgeblendet, überschattet vom Geschrei des Habitats und in unserer Wirklichkeitskonzeption fast unsichtbar. Dieses Neue wird das Vakuum, das dem Tod unserer Welt folgt, mit neuer Vitalität füllen. Das Ende unserer Wirklichkeit muss uns weiterhin nicht notwendig mit in den Abgrund reißen, wenn wir nur bereit sind, den sterbenden Göttern unserer Zivilisation abzuschwören und uns der kommenden Zeit zu öffnen. Dann werden wir von Objekten eines zerfallenden Systems, das uns zu verwalten und zu beschränken sucht, zu Gestaltern einer neuen Macht. Es liegt *an* uns, was *nach* uns kommt. Vieles ist möglich. Es liegt in unserer Hand, den Weg zu ebnen und Widerstände zu beseitigen.

Wir könnten nun zum Abschluss dieses Buches Spiele spielen und aus dem Gesagten zwei extreme Zukunftsvisionen entwickeln, eine dystopische, eine utopische. Wir könnte Bedingungen aufzeigen, die das eine oder das andere begünstigten. Allerdings träten wir in beiden Fällen in massiven Konflikt zum herrschenden Dogma und dieses Buch würde aller Wahrscheinlichkeit zensiert werden. Weiterhin hat uns die fantastische Literatur des Science Fiction, die unter dem Schutz der

„Narrenkappe" sagen darf, was uns zu sagen verwehrt bleibt, diese Arbeit bereits abgenommen. Dystopische Visionen finden sich in 1984, Brave New World, Fahrenheit 451, Wir, New York 1999, The Road uvm. Utopische, meist sozialistisch-egalitär geprägte Konzepte sehen wir meist als Darstellung einer Rahmengesellschaft, häufig im Film: Star Trek (egalitärer Sozialismus), Demolition Man (egalitärer Sozialismus), Star Wars (multikultureller Egalitarismus), Her (Egalitarismus), Die Matrix (Rechtfertigung der Gegenwart durch Vorstellung einer weit schlimmeren Alternative), Dune – der Wüstenplanet (selbsttreibende Theokratie) u.a.

Der Autor dieser Zeilen hat kein Interesse daran, das Schicksal eines Unheilspropheten zu erleiden. Acht, Bann und Sanktion scheinen ihm nicht erstrebenswert. Was kommt, ist ohnehin unvermeidlich. Die Menschen wählen ihr Schicksal nach ihrem Bauch. Einige unverfängliche Ausblicke auf das, was kommen wird, will ich dennoch geben.

2

Der dem Westen nachfolgenden Raum wird mit höchster Wahrscheinlichkeit *neofeudalistische Züge* tragen. Wir sehen in Russland, Asien, Nord- und Südamerika aber auch in Nordamerika, Europa den allmählichen Aufstieg autokratischer Herrschaften und charismatischer „Führerpersönlichkeiten", wie sie in vielen Staaten Afrikas und des mittleren Ostens bereits etabliert sind. Dieser Prozess ist natürlich. Er folgt aus der zunehmenden Komplexität und Weite der sozialen Räume, bzw. deren Degeneration und Schrumpfung. Um diese in beiden Fällen effizient verwalten zu können, müssen die Entscheidungswege erheblich verkürzt werden. Der demokratische Prozess ist zu träge dafür. Die römische Republik bedurfte des Prinzipats, um überlebensfähig zu bleiben. Gleichzeitig läutete aber das Prinzipat auch ihren strukturellen Niedergang ein. Desgleichen sahen und sehen wir in westlichen Nationen, deren Machtstrukturen zunehmend monopolisiert werden. Aus einer Demokratie wird eine Bürokratie, in welcher eine vergleichsweise kleine Gruppe von Spezialisten den Entscheidungsprozess dominiert. Innerhalb dieser Gruppe bildet sich bald ebenfalls eine Elite aus, an deren Spitze am Ende der Autokrat steht – sei er eine Person (Diktator, Monarch) oder eine Idee (Theokratie, Technokratie).

Interessanterweise steht die Autokratie nicht nur am Ende einer Entwicklung, sie bildet gleichsam deren Anfang. Nach Abschluss der Machtmonopolisierung wird diese vom Monopolisten, dem Alleinherrscher, bald wieder aufgeteilt. Es entsteht eine feudalistisch organisierte Aristokratie, die gleichsam in sich den Keim einer demokratischen Revolution trägt.

Wir können Folgendes festhalten: Demokratische und autokratische Herrschaften lösen einander ab. Die eigentlichen Träger der Macht sind in einer Demokratie Bürokraten, in einer Autokratie Aristokraten.

Unsere Gegenwart weist eine immer schneller um sich greifende Abkehr von demokratischen hin zu autokratisch strukturierten Administrationen auf. Weiterhin steigt die Bürokratie immer mehr in den Rang einer neuen Aristokratie auf. Der „kleine" Beamte früherer Tage ist heute ein respektierter und wohlbezahlter Machtträger und Funktionär.

3

Was die dogmatische Gestaltung des kommenden Habitats angeht, erleben wir gerade wir einen Kampf zwischen zwei *identitätsstiftenden Gegenpaaren*: Zum einen steht ein wiedererstarkender *Nationalismus* gegen die Idee des *Internationalismus*. Zum anderen sehen wir eine Art ideologisch überformte *Identity*, d.h. nicht die eigentliche Leiblichkeit (Rasse Geschlecht) ist (allein) ausschlaggebend, sondern auch die kulturelle Herkunft und ideologische Orthodoxie, gegen einen verwässerten Neo-, bzw. *Techno-Humanismus*, der den Menschen primär als reines Produkt seiner Umwelt und Erziehung, bzw. als ein nach Glück strebendes Wesen betrachtet wissen will. Anstatt mich hier auf langwierige

Erklärungen einzulassen, verweise ich lediglich auf einige historische Beispiele:

	National	International
Identität	Drittes Reich, der größte Teil der asiatischen Staaten	Britisches Empire, römisches Reich, europäischer Imperialismus
Humanismus	USA	UDSSR

4

Was die praxisgestaltenden Kräfte des Ethos anbelangt, sehen wir entweder einen weitere Zunahme des Techno-Kultus oder das Auftreten eines technophoben, vermutlich religiös konnotierten Asketismus, bzw. Rigorismus.

Der Techno-Kultus unserer Tage bedient sich bereits sehr offen einer religiösen Ästhetik, die die Funktion eines Werkzeuges hinter dessen soziale Wirksamkeit stellt. Dieses religiöse Gebaren könnte weiter zunehmen und neben faktisch-religiösen auch offizielle Strukturen herausbilden.

Die Herausbildung asketischer Subsäume, die in einer bewussten Ablehnung und Konkurrenz zum Hyper-Technos stehen, sehen wir in der immer stärker werdenden Aussteiger-, bzw. Back-to-the roots-Bewegung, die seit den 60ern kontinuierlich, wenn auch unterirdisch wächst. Dieser Asketismus wird meines Erachtens nur zu einer gesellschaftlich dominanten Größe heranwachsen, wenn wir ein globales Totalversagen von Technologie z.B. in Folge von Ressourcenmangel oder Krieg erleben, d.h. wenn eine echte „Krise" sich ereignet.

Lesetipps

Überleben!: Krisenvorbereitung und -bewältigung in Theorie und Praxis

Krisenvorbereitung und -bewältigung in Theorie und Praxis

von **Roland Steinle**

ISBN: 978-3-7431-9683-4
192 Seiten

Preis: Taschenbuch 11,90€ oder als E-Book: 7,99€

Zum Inhalt:

Dieses praxisorientierte Buch bietet eine umfassende und verständliche Anleitung zur Krisenvorbereitung und -bewältigung. Vom frühzeitigen Erkennen echter Krisen über die Pflege eines krisenresistenten Lebensstils bis hin zu konkreten Aspekten wie Tauschmittel, Waffen, Evakuierung und Vorratsmanagement werden alle relevanten Themen angesprochen.

Das zentrale Moment der Krise ist ihre Wirkung auf die individuelle Lebenswirklichkeit. Dementsprechend muss die erfolgreiche Krisenvorbereitung auf der körperlichen und psychischen Ebene ansetzen und mit konkreten Maßnahmen und Verhaltensweisen im Hinblick auf spezifische Krisenformen wie Naturkatastrophen oder politische und soziale Umwälzungen enden. Weiterhin muss ein Gespür für verborgene-echte und offene-falsche Krisen entwickelt werden.

Aussteigen – Light!

Ein familientauglicher Ratgeber wie man mit wenig Geld komfortabel lebt

von **Andreas N. Graf**

ISBN: 978-3-7386-5305-2
188 Seiten

Preis: Taschenbuch 11,90€ oder als E-Book: 3,99€

Zum Inhalt:

Gut leben mit sehr wenig Geld? Geht das? Klar doch!
Es ist möglich und gar nicht mal so schwer, wenn man weiß, wie.
Dieses Büchlein zeigt anhand der alltäglichen Lebenspraxis einer vierköpfigen Familie, wie man es machen kann.
Ein witziger Ratgeber für alle, die sanft aussteigen wollen!
Ein Buch für
...Faulpelze und Philosophen.
...für Menschen, die weniger arbeiten und mehr spielen wollen.
...für Ungeduldige, die ihren Ruhestand nicht erwarten können.
...für Querdenker, die sich nicht unterordnen wollen.
...für Leute, die nicht viel vom Geldverdienen halten.

...für jeden, der mit wenig, sehr wenig Knete, gut leben möchte.

Gebrauchte Häuser kaufen und für (fast) lau herrichten

Ein Ratgeber für erfolgreichen Immobilienerwerb und – renovierung mit kleinem Geldbeutel

von **Andreas N. Graf**

ISBN: 978-3-7392-1890-8
171 Seiten

Preis: Taschenbuch 11,90€ oder als E-Book: 4,99€

Zum Inhalt:

Viele Menschen träumen vom eigenen Heim. Aber vier Wände und ein Dach darauf genügen den meisten verständlicherweise nicht. Es soll ein hergerichtetes Häuslein in guter Stadt(-rand)-lage sein - und das am besten zum unschlagbaren Schnäppchenpreis. Diese irrealen Träumereien wird auch dieses Buch nicht wahr machen können – das will es auch gar nicht. Was es will, ist, zu zeigen, wie man mit extrem schmalen Budget zu einem passenden Haus in vernünftiger Lage kommen und wie man dieses wohnlich und komfortabel machen kann. Der Trick ist, sich von konventionellen Denk- und Handlungsmustern abzuwenden und neue, d.h. alte, traditionelle Wege zu beschreiten. Die wichtigsten Begleiter dabei sind ein gesunder Menschenverstand, Bescheidenheit und der Mut, sich seines eigenen Verstandes zu bedienen. Vom Finden eines (wirklich) geeigneten Objekts bis zu Fragen des Heizens und Lüftens werden etliche zentrale Fragen rund um das Kaufen und Instandsetzen einer gebrauchten Immobilie behandelt.